「イスラム国」はテロの元凶ではない

グローバル・ジハードという幻想

川上泰徳
Kawakami Yasunori

a pilot of wisdom

目次

「対米ジハード」から「グローバル・ジハード」へ／
ザルカウィとビンラディンの食い違い／
ザルカウィの標的は、欧米ではなく「近い敵」だった／
「テロは宗教的義務」という理屈はどう構築されたか／
宗派抗争を仕掛け、アルカイダと別路線へ／
アルカイダの「カリフ国」樹立計画／
アルカイダの「計画」はリアリティを欠いた夢想に終わる／
部族とつながり、根を張る「イスラム国」／
「イスラム国」報道官のアルカイダ批判／個人と小集団によるテロの提唱／
アルカイダでは現実とならなかったものが、「イスラム国」では現実となった

第4章 「イスラム国」とアラブの春

「イスラム国」の影に脅えるバグダッド／凄惨なテロの現場／
ムスリム同胞団への敵意が意味するもの／

「アラブの春」前夜――民族主義の崩壊と政治的無風化／
「脱政治化」という流れ／「アラブの春」の社会的背景／
共同体を維持するイスラムの力／非政治的なイスラムが政治化する／
結局、「若者の反乱」は軍と旧勢力に利用されただけだった／
ムスリム同胞団をめぐる、アルカイダと「イスラム国」の立場の違い／
2012年のタハリール広場で感じた「予兆」／「戦士」になるボランティア／
「アラブの春」発祥の地で台頭するサラフィー主義者／
サラフィー主義者と公安警察との関係／
若者のエネルギーを吸収したのは、同胞団ではなく「イスラム国」だった／
「イスラム国」は権力闘争の産物でもある

第5章　「イスラム国」を支える影の存在――

「イスラム国」の軍事を統括するのはイラク軍元将校／
テロの背後に「協力者」がいる／フセイン政権下のイラク治安情報機関／

「イスラム国」に参加するのは、「過激思想に傾倒する者」だけではない／
若者が「イスラム国」に参加する動機／「受難」と「救援」の関係／
現地の悲惨な状況を伝える市民ジャーナリスト／
毒ガス兵器の悲惨に国連安保理大使らが涙する／
民間人を最も多く殺しているのは政権軍とロシア軍である／
「イスラム国」へ向ける関心を、イラクやシリアの「現実」に向けよ

第7章 「イスラム国」と中東への脅威

中東情勢を見る上で大切なこと／チュニジアにおける「世俗派×イスラム派」／
チュニジアの〝裏のストーリー〟／表と裏が引っ繰り返る、中東の歴史／
エジプトで起きていること／「イスラム国」の浸透を食い止める草の根社会活動／
サウジアラビアに鬱積する「若者たちの不満」／
アフガン帰りのアルカイダを封じこめる／
民主化と「イスラム国」、サウジにとってどちらが脅威なのか？／

地図・年表作成／クリエイティブメッセンジャー

文中の年齢は、原則、取材当時のものです。

はじめに

「イスラム国」は、現代の世界で暴力と悪を体現する存在のように語られ、記述されているが、実体はよくわかっていない。

「イスラム国」のカリフに選ばれたアブ・バクル・バグダディが、実際に「イスラム国」でどの程度の実権を持っているのかさえ、よくわからない。誰がバグダディを支えているかもわからない。アラブ諸国やアジア、欧米から3万人を超える若者たちが「イスラム国」に参入していることについても、その若者たちがどのような理由で「イスラム国」にひき付けられているのかも、よくわかっていない。

最大の謎は、大時代的でさえある厳格なイスラムを実現しようとする過激派組織が、日本の本州にも匹敵するような広さの地域を数年にわたって支配し、統治できているのはなぜかということである。過激で厳格な思想を持つ集団はいつの時代にも存在するが、現実の統治、行政を実施する能力や実務経験は、一朝一夕で獲得できるものではない。「イスラム国」については過激な思想と行動が注目されるが、何が思想と行動を支えているかに目を向けなければ、正体は見えてこないだろう。

２０１６年６月、「イスラム国」絡みのテロが中東だけでなく欧州、アジアでも発生し、７月初めにはバングラデシュで日本人も犠牲になった。新聞、テレビなどメディアでは〈「イスラム国」のテロ〉として報道されたが、実際に「イスラム国」がどのような形で個々のテロに関わっているかは、わからないままだった。

「イスラム国」が脅威であることは疑いないが、「イスラム国」をめぐる議論は、その虚像に振り回されているように感じる。本書では、さまざまに公表されている情報にあたりながら、ジャーナリストとして中東に関わってきた経験をもとに、「イスラム国」を現実に結び付ける作業を行ない、その脅威の実体に迫ろうと考えた。その過程で、「イスラム国」について見えてきたこともある。しかし、「実体」を追おうとすれば、砂漠の逃げ水のように、さらに新たな問いが生まれ、答えが遠のくもどかしさも実感した。その意味では本書は、「イスラム国」のリアリティを把握する試みの第一歩ととらえてもらえれば幸いである。

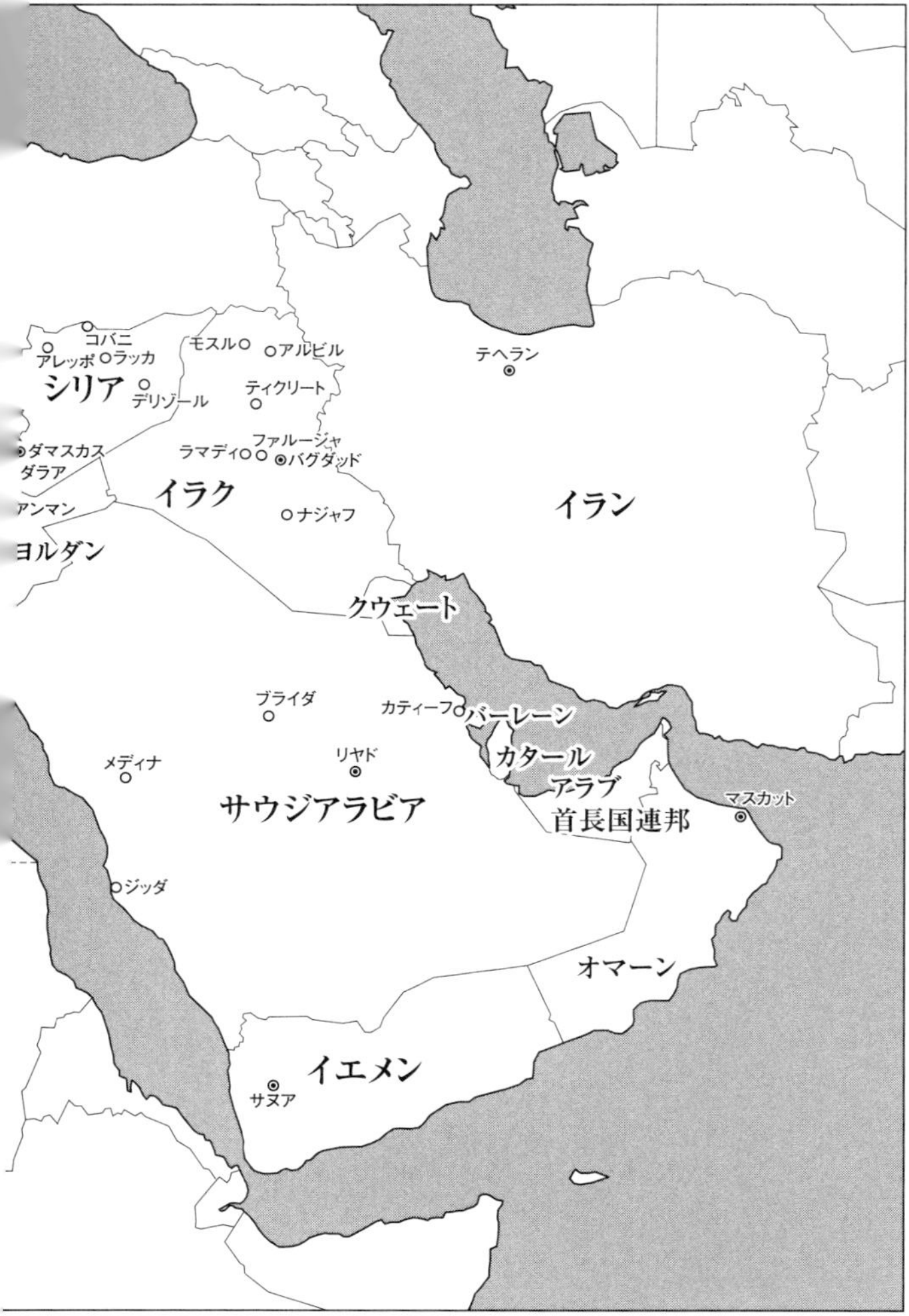

コバニ
アレッポ
ラッカ
シリア
デリゾール
モスル
アルビル
ティクリート
テヘラン
ダマスカス
ダラア
ファルージャ
ラマディ
バグダッド
イラク
アンマン
ヨルダン
ナジャフ
イラン
クウェート
ブライダ
カティーフ
バーレーン
メディナ
リヤド
カタール
アラブ
首長国連邦
マスカット
サウジアラビア
ジッダ
オマーン
イエメン
サヌア

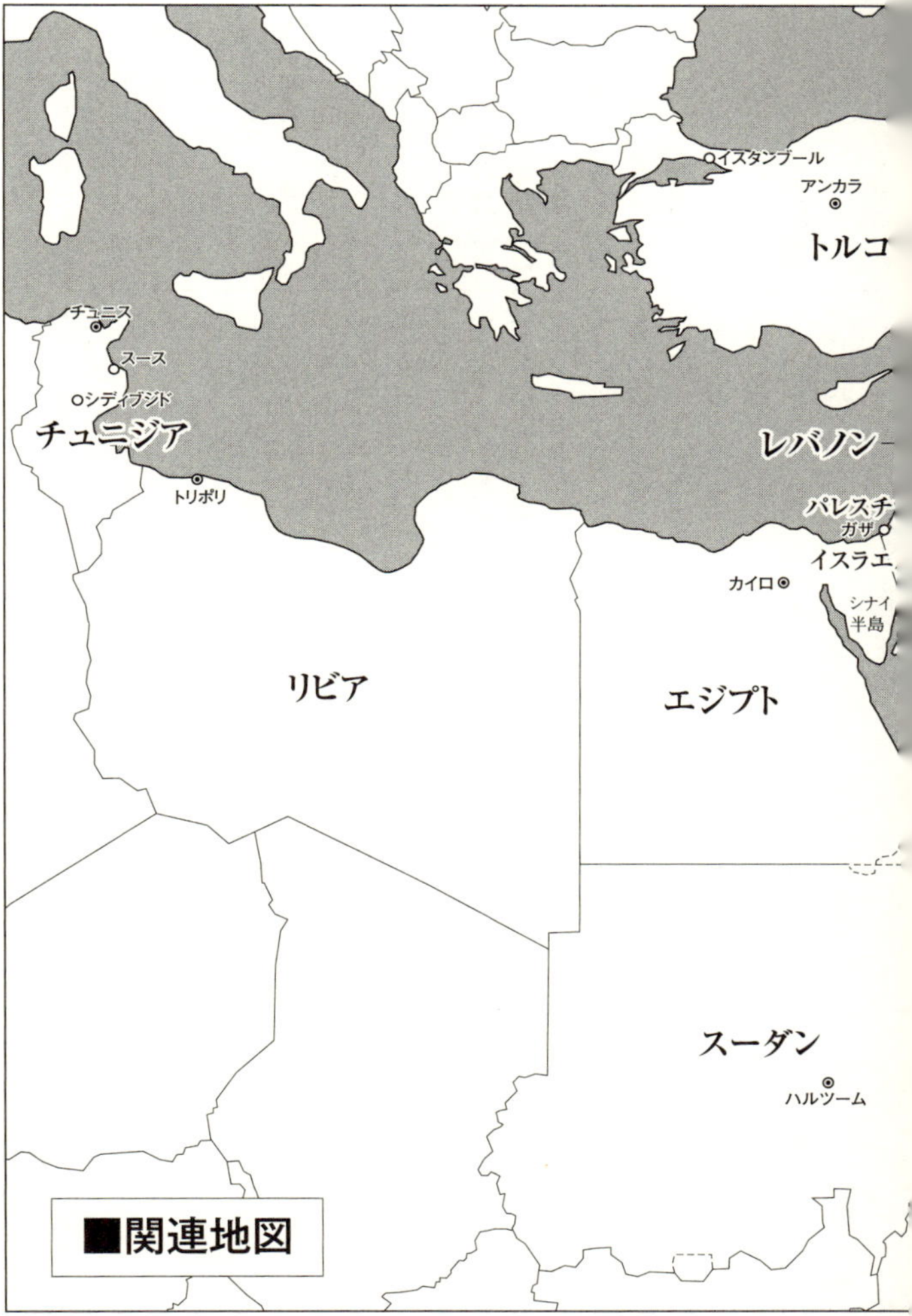

イスタンブール
アンカラ
トルコ
チュニス
スース
シディブジド
チュニジア
レバノン
トリポリ
パレスチ
ガザ
イスラエ
カイロ
シナイ
半島
リビア
エジプト
スーダン
ハルツーム
■関連地図

■関連年表

1988年		オサマ・ビンラディンらが、対ソ連軍ジハード組織「アルカイダ」創設
1989年		ソ連軍、アフガニスタンから撤退
1990年		イラク、クウェート侵攻
1991年		湾岸戦争。米軍など多国籍軍がクウェートを解放。米軍は以後もサウジアラビアに駐留
1996年		ビンラディン、サウジアラビア駐留米軍に対する「ジハード宣言」を出す
1998年	2月	ビンラディン、アイマン・ザワヒリらが「ジハードのための世界イスラム戦線」結成を宣言
	8月	アルカイダ、ケニアとタンザニアで米国大使館を同時爆破テロ
2000年		＊この頃、アブ・ムサアブ・ザルカウィがビンラディンと会うが、「アルカイダ」には参加せず
2001年	9月11日	アルカイダ、米国同時多発テロを決行
	10月7日	米軍がアフガニスタン攻撃。「対テロ戦争」の開始
2003年	3月20日	米英軍、イラク攻撃開始。イラク戦争
	4月9日	バグダッド陥落。米軍のイラク占領開始
	5月12日	サウジアラビア・リヤドの外国人住宅3ヶ所で同時爆弾テロ。39人死亡
	5月16日	モロッコ・カサブランカで大規模自爆テロ。33人死亡
	5月23日	米占領当局がイラクの治安情報機関の解体を宣言
	8月5日	インドネシア・ジャカルタのホテルで自爆テロ。12人死亡
		＊この頃、ザルカウィが率いる反米ジハード組織**「タウヒード・ワ・ジハード」**が台頭
	8月19日	「タウヒード・ワ・ジハード」、バグダッドの国連現地本部で爆弾テロ。20人以上死亡
	8月29日	「タウヒード・ワ・ジハード」、イラク中部ナジャフで自動車爆弾テロ。100人近く死亡

	11月15・20日	トルコ・イスタンブールでトラックによる爆弾テロ。57人死亡
	12月13日	サダム・フセイン拘束される
2004年	3月	アルカイダ、スペイン・マドリードで列車爆破テロ。191人死亡
	10月	「タウヒード・ワ・ジハード」がアルカイダに入り、**「イラク・アルカイダ」**に改名
2005年	7月	アルカイダ、ロンドンで地下鉄・バス同時爆破テロ。56人死亡
	11月	「イラク・アルカイダ」、ヨルダンの首都アンマンで連続爆破テロ。60人死亡
2006年	2月	イラクでシーア派とスンニ派の宗派抗争が始まる
	6月	ザルカウィ、米軍の空爆で死亡
	10月	「イラク・アルカイダ」はイラクのスンニ派反体制組織を糾合し**「イラク・イスラム国」**を創設
2007年		
2008年		
2009年		
2010年		
2011年	1月14日	チュニジアで若者らのデモによる政変（ジャスミン革命）。「アラブの春」の発端となる
	1月28日	エジプト全土でデモ隊と治安部隊が大規模衝突、ムバラク大統領は軍出動を命じる
	2月11日	エジプトのムバラク大統領辞任。強権政権の崩壊（エジプト革命）
	4月15日	シリアで大規模民主化運動が発生。以後、事実上の「内戦」状態に
	5月2日	ビンラディン、パキスタンの潜伏先で米国特殊部隊に殺害される
	12月	米軍、イラクからの撤退完了
2012年	1月	エジプトで革命後初の総選挙。イスラム穏健派「ムスリム同胞団」系の政党が第一党に

	11月	エジプト・タハリール広場で「イスラム法の実施」を求めるサラフィー主義者の大規模集会
2013年	春	「イラク・イスラム国」がシリア内戦に参戦し、**「イラク・シリア・イスラム国(ISIS)」**に
	7月3日	エジプト、クーデターでムスリム同胞団系大統領を排除。軍主導の暫定政権が成立
2014年	5月	「ISIS」のアドナニ報道官がアルカイダを批判する書簡を公開
	6月10日	「ISIS」がイラク第二の都市モスルを制圧
	6月26日	イラク・カードミヤのシーア派聖廟でスンニ派による自爆テロ。19人死亡
	6月29日	「ISIS」が、アブ・バクル・バグダディをカリフとする**「イスラム国」**樹立を宣言
	8月7日	米国オバマ大統領、「イスラム国」へのイラク国内での空爆を承認
	9月10日	米国オバマ大統領、66ヶ国・組織による対イスラム国「有志連合」の結成を発表。日本も参加
	9月19日	フランス、「イスラム国」へのイラク国内での空爆に踏み切る
	9月22日	米国オバマ大統領、「イスラム国」への空爆をシリア領内にも拡大することを発表
	同日	「イスラム国」アドナニ報道官が「有志連合に加入した国の市民を殺害せよ」と呼びかける
	10月20日	カナダ・ケベックで改宗イスラム教徒が兵士1名を殺害
	10月22日	カナダ・オタワで改宗イスラム教徒が兵士を射殺
	12月20日	フランス・ジュエレトゥールで改宗イスラム教徒が警官を襲撃
2015年	1月7日	パリで週刊新聞「シャルリー・エブド」社襲撃。12人死亡
	1月9日	パリでユダヤ系商店人質立てこもり事件。4人死亡
		＊この頃、湯川遥菜さん、後藤健二さんが「イスラム国」に殺害される
	2月14日	デンマークの首都コペンハーゲンで2日連続銃撃事件

	3月18日	チュニジアの首都チュニスの国立博物館で銃乱射事件。日本人３人含む22人死亡
	5月3日	米国ダラスでムハンマド風刺画展示会場近くで銃撃事件
	5月22日	サウジアラビア・カティーフのシーア派モスクで自爆テロ。21人死亡
	5月29日	サウジアラビア・ダンマンのシーア派モスクで爆弾テロ。４人死亡
	6月26日	チュニジア・スースのリゾートホテルで銃乱射事件。38人死亡
	同日	クウェートのシーア派モスクで自爆テロ。27人死亡
	8月6日	サウジアラビア・アブハのモスクで自爆テロ。15人死亡
	10月31日	エジプト・シナイ半島上空でロシア航空機爆破テロ。２２４人死亡。「イスラム国」犯行声明
	11月4日	米国カリフォルニアの大学でイスラム教徒が刃物で暴れ、射殺される
	11月13日	パリ同時多発テロ。１３０人死亡。「イスラム国」が欧米のテロで初の犯行声明
2016年	1月2日	サウジアラビア、シーア派指導者含む「テロリスト」47人を集団処刑。イランとの国交断絶
	3月22日	ベルギー・ブリュッセルの空港と地下鉄で連続テロ。32人死亡
	6月12日	米国オーランドのナイトクラブで銃乱射事件。50人死亡
	6月28日	トルコ・イスタンブールのアタチュルク国際空港でテロ。40人以上死亡
	7月1日	バングラデシュの首都ダッカでテロ。日本人７人含む22人死亡
	7月3日	イラク・バグダッドで大規模自爆テロ。３００人以上死亡
	7月4日	サウジアラビア各地で４件の自爆テロ
	7月14日	フランス・ニースでトラック暴走テロ。84人死亡
	7月18日	ドイツの列車内でアフガニスタン人の少年が４人を負傷させる
	7月26日	フランス・ノルマンディーのキリスト教教会が襲撃され、聖職者が殺害される

第1章　世界に拡散するテロと「イスラム国」の関係

血に染まったラマダーン

「ラマダーン」とは、イスラムの暦である「ヒジュラ暦」の9番目の月の名前である。「断食月」とも呼ばれるのは、この月の間、イスラム教徒が日の出から日没まで飲食を断つからだ。イスラム教徒でなければ、苦行の月と想像するかもしれない。しかし、私が中東での拠点としているエジプトでは、ラマダーンの間、通りは電飾や色とりどりのテープで飾られ、祭りの気分に満ちている。日中の断食は確かにつらそうだが、日没とともにモスク（イスラム礼拝所）から「アッラー・アクバル（神は偉大なり）」で始まるアザーン（礼拝の呼びかけ）が響くと、人々は一斉に「イフタール（断食明けの食事）」を摂る。飢えと渇きから解放され、神の恵みを実感するであろう。

「断食」はイスラムの聖典『コーラン』に「信仰告白」「礼拝」「喜捨」「巡礼」とともに、信者の五つの義務である「五行」に入っている。ラマダーンの断食については、『コーラン』の「雌牛章」に次のように記されている。

「ラマダーンの月こそは、人類の導きとして、また導きと（正邪の）識別の明証としてクルアーン（コーラン）が下された月である。それであなたがたの中、この月（家に）いる者は、この月中、斎戒（断食）しなければならない」（日本語訳は日本ムスリム協会発行『日亜対訳注解聖クルアーン』による。以下同）

イスラムの預言者ムハンマドに最初に神の啓示が下されたのはラマダーンの間だったとされ、聖なる月とされている。さらに、富める者も貧しい者もともに断食の苦しみを味わうことで、「ウンマ」と呼ばれるイスラム共同体の一体感を強める、という社会的な意味が喧伝《けんでん》されることも多い。イスラム教徒の間では、断食によってイスラムへの信仰心が高揚する。

ヒジュラ暦は太陰暦であり、太陽暦である西暦と比べて11日ほど短いため、その分、毎年、ラマダーンの月の始まりは早まっていく。２０１６年のラマダーンは6月上旬から7月上旬までで、ちょうど中ほどに6月21日の夏至を挟むことから、昼間が最も長い、つまり1日の断食の時間が長いラマダーンとなった。敬虔《けいけん》なイスラム教徒なら「それだけ神の恩寵《おんちょう》を感じることができる」というかもしれないが、身体的にはつらいことは疑いない。

とはいえ、日本にいてイスラム世界のラマダーンを意識することはほとんどない。しかし、2016年は、日本人も何度となく「イスラムの信仰心が高揚するラマダーン」という表現を聞くことになった。6月末から7月初めまで、世界中でイスラム過激派組織「イスラム国」に絡むテロが続き、大きなニュースになったためである。その中には、日本人7人が死んだバングラデシュの首都ダッカでのテロも含まれていた。

日本人7人が犠牲となったダッカ事件

2016年7月1日夜、ダッカで、大使館などが集まる高級住宅地のカフェ・レストランを武装グループが襲撃するテロ事件が起こった。最初に武装グループと治安部隊との間で銃撃戦があり、その後、10時間近いにらみあいの後、治安部隊の突入作戦によって終わった。日本人7人とイタリア人9人を含む民間人20人と警官2人の計22人が死亡。「犯人は鋭い刃物を使った」という現地治安当局の発表に、日本では慄《おのの》きが走った。また、生存者や目撃者の証言として、武装グループの突入時に「私は日本人だ」と哀願する姿があったという話や、犯人たちが人質に『コーラン』を唱えさせて選別した、という生々しい話が報じられ、テロの恐ろしさを増幅した。

このテロでは、「イスラム国」がインターネットを通じてアラビア語の犯行声明を出した。声明は、「速報：バングラデシュの首都ダッカでの突撃攻撃によって、22人の十字軍（市民）と警官を殺害」というタイトルの後、「周到な情報収集と準備を経て、十字軍国家の市民の集まりに対して5人の決死隊が発進し、イタリア人7人とバングラデシュの警官2人を含む十字軍の市民22人を殺害し、ほかに50人以上を負傷させた。十字軍の市民たちは、十字軍の飛行機がイスラム教徒を殺害している限り、戦士による攻撃から逃れて安全を得ることはできない。これから来る攻撃は、より激しく、より大きな損害を与えるものになるだろう」という本文が続いた。

バングラデシュ当局は、特定された実行犯たちが地元のイスラム過激派に属し、数ヶ月前から行方をくらましていることを明らかにしたが、「イスラム国」との関連は否定した。

私も、事件の経過と犯行声明から、実行犯と「イスラム国」との間に直接・間接の連絡はなかったと考える。なぜなら、犯行声明を見ればわかるように、日本人の死者に触れていないからだ。これは、日本政府の発表がかなり遅れたため、犠牲者の数が現地警察で発表されても日本人の犠牲がニュースとして世界に流れなかったためとしか考えられない。

「イスラム国」は、2015年1月にあった湯川遥菜《はるな》さん、後藤健二さん殺害事件の際に、「日本人がどこにいようとも殺され続ける」と、日本と日本人を敵視することを宣言した。ダッカ事件では、発生から治安部隊が突入するまで相当の時間があり、実行犯らが「イスラム国」と何らかの連絡をとっているなら、人質に日本人がいることは伝わったはずで、「イスラム国」が日本人殺害を隠す理由はない。つまり「イスラム国」がテロを指揮したり、実行犯と連絡をとったりしているのではなく、ニュースを見ながら犯行声明を書いている可能性が高いことを意味する。

イスタンブール国際空港テロ

ダッカ事件の3日前の6月28日夜には、トルコのイスタンブールにあるアタチュルク国際空港で、武装した3人による銃撃と自爆によって、外国人旅行客20人近くを含む40人以上が死亡、200人以上が負傷した。

武装した3人は、タクシーで空港に到着し、X線による荷物検査がある空港構内への入り口で銃撃して構内に突入、治安部隊に銃撃され自爆した。現場の様子を伝える防犯カメラの映像には、走ってくる実行犯らしい男が治安部隊に撃たれて突然倒れ、その手から自動小銃らしいものが落ちて床を滑っていく場面があった。男はしばらくもがくように動いていたが、いきなり画面は真っ白になった。自爆の瞬間である。

この事件について、「イスラム国」の犯行声明は出なかった。しかし、トルコのユルドゥルム首相は、事件直後から「『イスラム国』が関与している」との見方を示した。トルコ警察当局筋は、実行犯3人は、1ヶ月前に「イスラム国」のシリア側の〝首都〟ラッカから国境を越えてトルコに入国したロシア人、ウズベキスタン人、キルギス人の3人と特定し、「イスラム国」指導部が関わって用意周到に準備されたテロである、との見方を示した。

アタチュルク国際空港は、欧州と中東、アフリカ、中央アジアをつなぐハブ空港として知られ、イスラム系のエルドアン政権のもとで経済成長を続けるトルコの繁栄の象徴ともいえる施設である。強固に防御されている国際空港を標的にするのだから、トルコの警察当局が見るように「イスラム国」戦闘員が関わったことは疑いないだろう。単に治安を攪乱《かくらん》するというよりも、エルドアン政権にダメージを与えるという象徴的な効果を狙ったととらえるべきである。

イラクやサウジでテロ頻発

ダッカ事件の2日後の7月3日夜には、イラクのバグダッド中心部で自動車爆弾を使った自爆テロがあり、死者は最終的に３００人以上、負傷者２００人以上という最悪の結果となった。商店が立ち並ぶ繁華街カラダ地区からＢＢＣが伝えた映像は、見渡す限りの通りが廃墟《はいきょ》と化したような、すさまじい光景だった。

イラクでは6月下旬に、軍・治安部隊が、２年半ぶりに「イスラム国」をバグダッド西60キロにあるファルージャから排除したばかりだった。しかし、掃討作戦には軍・治安部隊だけでなく、政府を支持するシーア派民兵組織も参加し、ファルージャのスンニ派住民に対する虐殺や暴行など深刻な人権侵害が報告されたため、スンニ派住民による反発が危惧されていたところだった。

この時「イスラム国」は、青地に白抜きの文字で、右上に「イスラム国」のロゴが入った体裁で犯行声明を出した。発信地は「イスラム国バグダッド州」、タイトルは「速報：バグダッド中心部のカラダ地区で殉教作戦により、不信仰者（シーア派の意味）40人死亡、80人負傷」で、「バグダッドで続くカリフ国の戦士による治安作戦の一部として、戦士アブ・マハ・イラーキーはバグダッド中心部のカラダで拒否主義者（シーア派）の群衆に対して爆弾を積みこんだ車を爆発させ、約40人を殺害し、80人を負傷させた。シーア派の戦士たちへの攻撃は止《や》むことはない」という内容である。

バグダッドテロの犯行声明は、体裁はダッカ事件と全く同じであり、死者数40人というのも実際よりかなり少ないため、事件発生直後に出た、まさに「速報」であるが、実行犯の名前や犯行の手口まで入れるなど、テロ実行者が「イスラム国」本体とつながりがある人間であると感じられる内容になっている。逆に、ダッカ事件の犯行声明では、テロの標的が「十字軍市民」であること、テロの理由が「十字軍が空爆によってイスラム教徒を殺している」ことへの報復であること、など抽象的なメッセージの方が強く浮かびあがってくる。

バグダッドテロの翌日、7月4日には、サウジアラビアにあるイスラムの聖地メディナで自爆テロがあった。標的となったのは預言者ムハンマドの霊廟《れいびょう》がある「預言者のモスク」であり、入り口付近で男が自爆し、治安関係者4人が死亡した。同じ日、サウジアラビアでは西部ジッダの米国総領事館近くでも自爆テロがあり2人が負傷。さらに東部カティーフのシーア派モスクでも2件の自爆テロがあり、自爆者2人が死んだ。この4件のテロについて「イスラム国」の犯行声明は出なかったが、「2大聖地（メッカとメディナ）の守護者」を称するサウド王家の権威に打撃を与えようとする意図や、反米、反シーア派という「イスラム国」と共通する敵意が読み取れることから、同国内の「イスラム国」につながる者たちによる犯行の可能性が強いと見られている。

南仏ニースの悲惨な「トラック」テロ

以上がラマダーン期間中のテロだが、ラマダーンが終わった後の7月中旬以降も、欧州でテロが続いた。

7月14日、フランス南部のリゾート都市ニースで、トラックが花火見物の群衆に突っこんで2キロ暴走し、84人の市民が死亡した。運転手はトラックが止まった後、駆け付けた警官に包囲され、銃撃されて死亡した。犯人は31歳のチュニジア系フランス人だった。

7月18日には、ドイツの列車内で、難民申請中のアフガニスタン人の17歳の少年が斧《おの》やナイフを振り回して4人を負傷させ、自身は警官に射殺されるという事件が起こった。少年は「アッラー・アクバル（神は偉大なり）」と叫びながら、凶行に及んだという。

7月26日には、フランス・ノルマンディーのキリスト教教会を2人の男が襲撃して立てこもり、教会の聖職者を殺害する事件が起きた。2人は警察に射殺された。

この三つの事件についても、「イスラム国」系のアアマク通信がそれぞれ「カリフ国の戦士」によるものとする「犯行声明」を出した。

中でもニースの事件は、大型トラックを暴走させて80人以上をひき殺すという手法が、世界に衝撃を与えた。犯人は「イスラム国」やほかのイスラム過激派との関わりについて、全く情報当局にマークされていなかったというが、アアマク通信は「フランスのニースでの車の突入作戦の実行者は『イスラム国』の兵士の一人であり、『イスラム国』と戦う有志連合の市民を標的とすることへの呼びかけに応えた作戦を実行した」とする声明を出した。

この声明は、テロについて「呼びかけに応えた作戦」としており、自分たちが直接指示したものではないことを示唆するが、重要なのは、テロ犯を「『イスラム国』の兵士」と認定していることである。組織的な背景も、「イスラム国」支配地域で訓練を受けたこともない若者が、銃撃でも自爆でもなく、トラックを使って、これほど甚大な被害を引き起こす凶行に走った。その危険性は武装テロ以上である。

この事件を受けて、フランスのオランド大統領は声明を発表し、解除する予定だった非常事態宣言を延長し、さらに「シリアとイラクにおける『イスラム国』に対する軍事行動を強化する」と述べた。この演説に、私はデジャブ（既視感）を感じた。

非常事態宣言が出されたきっかけは、2015年11月13日、9人の実行犯がパリ中心部6ヶ所でテロを行ない、130人が死亡、300人以上が負傷したパリ同時多発テロ事件だった。この時もオランド大統領は、事件の真相が明らかになる前に「イスラム国」空爆の強化を掲げたのである。

パリ同時多発テロ

パリ同時多発テロ事件の後、世界の各地で「イスラム国」絡みとされるテロが次々と起こり、ひと回りしたようにニース事件が起こった。あらためて振り返ると、パリ事件の重大性が明らかになってくる。

四つの通りのレストランやカフェ、バタクラン劇場、ドイツとフランスのサッカー代表チームの試合が行なわれていたサッカー場と、パリ中心部の6ヶ所でテロは起こった。午後9時20分ごろから10時までの40分ほどの間に、サッカー場の近くで3回の爆発が連続して起こり、同時並行的に、中心部の通りで通行人やレストランやカフェに向けて銃の乱射があり、自爆もあった。その後、3人がアメリカのロックグループのコンサートが行なわれていたバタクラン劇場を襲撃し、立てこもった。14日午前零時半ごろ、治安部隊が劇場に突入。その時に2人が自爆し、1人は射殺されたという。130人の死者のうち89人は、バタクラン劇場での死者だった。死傷者は計500人にのぼる。

私はこのテロの様子を、滞在先のレバノンの首都ベイルートのホテルにあるテレビで見ていた。パリと1時間しか時差がないベイルートでは、午後11時前に、いきなり「パリ市内のサッカー場で爆弾」「パリ中心部で銃撃」と立て続けにテレビの「ブレーキング・ニュース（速報）」が流れた。日付は変わろうとしていたが、ＢＢＣも、ベイルートの地元テレビもパリ事件一色になった。携帯電話のカメラで撮影されたと見られる、混乱した街角の背後で連続した銃撃音が聞こえる映像も流れた。いきなりパリの街角で市街戦が始まったかのような光景だった。

私はテレビのチャンネルを変えながら、インターネットの情報を追っていた。イスラム過激派系のアラビア語のツイッターアカウントでは、「パリ攻撃万歳。今日は長い夜になる」などというツイートが次々と流れた。「#パリは燃えている」というハッシュタグもできた。それはパリのテロへの抗議ではなく、喜びの言葉が並んだものだった。その中に、「パリ市民よ、あなたたちは自分の子供たちが殺されたことに衝撃を受けている。同じことを、あなたの軍隊がシリアの地で行なっているのだ」というツイートがあった。殺戮《さつりく》と同時進行で、市民の無差別殺害を正当化しようとするアラビア語の文章を読みながら、救いのない気持ちになった。

「イスラム国」の「犯行声明」を読み解く

私が過激派のツイッターアカウントを開いたのは、「イスラム国」による犯行声明が出るかもしれないと思ったからだった。

しかし、バタクラン劇場に治安部隊が突入し、実行犯が自爆したというニュースが入った後、14日の未明になっても声明は出なかった。14日午前中にオランド大統領が演説して「『イスラム国』による戦争行為だ」と宣言し、イラクとシリアにまたがる支配地域への空爆を強化することを発表した。「イスラム国」の犯行声明はその日の朝に出たことになっているが、まだインターネットの「イスラム国」関連サイトで流れるほどには広がっておらず、私も見ていなかった。だから、オランド大統領の「イスラム国」への空爆を強化するという表明には、事件の真相が明らかでない段階で、なぜ軍事攻撃を急ぐのかと違和感を覚えた。

「イスラム国」がインターネットで公開した声明を入手したのは、オランド大統領の演説後しばらくしてからだった。ダッカ事件などと同様の公式声明の体裁をとっていた。タイトルは「速報：十字軍国家フランスにおける喜ばしいパリ攻撃についての声明」というものだった。発信地は「フランス」とあり、冒頭に「速報」としているが、事件発生の翌日であり、速報とはいえない。

文頭に「慈悲あまねく慈悲深いアッラーの御名において」の一文がある。イスラム教徒が言葉を述べる時や、文章を書く時、本を著する時などに最初に述べる慣用句である。通常、「イスラム国」の声明は10行程度の短いものであるが、パリのテロに関する声明は40行近い長さで、それが特別なものとして発信されたことは一目瞭然だった。

本文の第1段落は、『コーラン』の「集合章」からの次のような引用である。

「かれらにしても、その砦《とりで》だけでアッラー（の攻撃）を防げると思っていた。だがアッラーはかれらの予期しなかった方面から襲い、かれらの心に怖気《おじけ》を投げ込み、それでムスリムたちと一緒になって、自分（自ら）の手で、かれらの住まいを破壊した。あなたがた見る目を持つ者よ、訓戒とするがいい」

第2段落では、「敬虔なるカリフ国の兵士たちのグループが実行した、十字軍の旗を掲げる欧州の売春と悪徳の都に対する喜ばしい攻撃を、神はお喜びになるであろう」など、攻撃を称賛し、祝福する内容となっている。

襲撃の描写は第3段落にあった。

「爆弾ベルトや自動小銃で武装した8人の兄弟がフランスの首都の中心部で場所を正確に選定

して攻撃を行なった。その中にはスタジアムが含まれ、十字軍国家のドイツとフランスのサッカーの試合が行なわれ、そこにオランドもいた。バタクランセンター（劇場）では数百人の不信仰者たちが売春と乱交パーティのために集まっていた。さらにほかの標的は10区、11区、18区であり、攻撃は同時並行で行なわれた。彼らの足下でパリは震えあがり、通りは彼らによって占領され、攻撃によって200人を下らない十字軍を殺し、それ以上を負傷させた。神は称賛されることだろう」

これは第3段落の逐語訳だが、テレビで出ている以上の情報は何も入っていなかった。声明で実行犯が8人とされているのは、13日深夜にフランスの検察当局が「現場で死んだ実行犯は8人で、7人は自爆で、残る1人は射殺された」と発表したものを受けたものと見られる。しかし、後日の正式発表で現場で死亡した実行犯は7人で全員自爆によるものと確認された。さらに逃走した2人が後日の捜査の過程で死亡した。最終的に実行犯は9人だったが、「犯行声明」はそれとも食い違う。つまり、声明は『コーラン』の言葉で格調高く始まるが、テレビを見ながら書いた作文のような文面で、内容がないということである。

「イスラム国」指導部とパリの実行グループの間で事前に何らかの連携があり、その上で出された「犯行声明」とはいえない――という見解を、私は事件直後に書いた。その後のダッカ事件と同じく、「イスラム国」の声明は、フランスの襲撃事件を「追認」するものとして考えるべきだろう。

重要なのは「『イスラム国』が直接関与したかどうか」ではない

長々とパリ事件の「イスラム国」声明を引用したのは、パリ事件は「イスラム国」が直接指揮したものではないから重要ではない、というためではない。むしろ、逆である。「イスラム国」と直接連絡をとっていたとは思えないにもかかわらず、9人のグループが100人以上の市民を殺害するような重大なテロを起こし、それに対して「イスラム国」が正式に「カリフ国の兵士たち」による「ジハード（聖戦）」と認めたことの重大性を指摘するためである。

「イスラム国」が支配地域での軍事作戦や周辺地域でのテロ事件の後に発表してきた「速報」は、通常は1段落か2段落の短いもので、それも事実だけを述べた簡単なものであるが、パリ事件の声明は、すでに書いたように、文頭に「慈悲あまねく慈悲深いアッラーの御名において」と記し、第1段落に『コーラン』の章句を引用するという正式の文書の体裁をとっている。パリ事件の「イスラム国」の声明は、声明文の外見だけみても、特別な意味があることは明らかである。その重要性はあらためて考察する。

パリでのテロの後の2016年3月22日朝、ベルギーの首都ブリュッセルの空港と地下鉄駅であった連続テロでも「イスラム国」の犯行声明が出た。空港で2人による自爆テロがあり、さらに地下鉄駅でも自爆テロがあり、計32人の市民が死んだ。「イスラム国」は犯行声明で「カリフ国の兵士たちは自爆ベルトを着用し、仕掛け爆弾を持ち、自動小銃で武装し、ベルギーの首都ブリュッセルで正確に標的を選んで、空港と地下鉄の駅に突入し、群衆の中で自爆ベルトを爆発させ、40人以上の十字軍を殺害し、210人以上を負傷させた」とした。

しかし、この声明は間違いだった。このテロでは、早い段階で「まず銃撃があり、その後で自爆があった」と報じられ、現場から銃が発見されたというニュースも流れた。ところがベルギー司法当局は、後になって、銃撃があったという情報も、現場から銃が発見されたという情報も否定した。当初は国際ニュースも「銃撃があった」と報じていたが、その後、銃撃のことはニュースから消えてしまった。「銃撃音が聞こえた」という情報が流れたのは確かなのだろうが、それはテロ実行犯によるものではなかったということである。いまはどこにでも防犯カメラが設置されているため、何が起こったかはかなり細かいところまで追跡できる。「イスラム国」の声明に、実行犯は自動小銃を持ち、自爆ベルトを爆発させて市民を殺害したとあるのは、パリ同時多発テロの手法である。「イスラム国」の声明を書いた人間は、「銃撃と自爆」という早い段階の報道を見て、パリと同じ手法だと考えて声明をつくったのだろう。「イスラム国」声明と事実との食い違いは、パリ事件と同様に、「イスラム国」本体と、ブリュッセルのテロ実行犯が直接連絡をとりあったわけではないことを示すと考えるしかない。

同様に、テロと「イスラム国」の犯行声明との関係を考える上で参考になるのは、2016年6月12日に、米国フロリダ州オーランドの同性愛者向けナイトクラブで起きた銃撃事件だ。50人を殺害し、50人以上が負傷。米国で起きた銃乱射事件としては最悪のものとなった。容疑者はアフガニスタン系の両親を持つ29歳のオマル・マティンで、ライフルと拳銃で武装して銃を乱射し、一時、人質をとって立てこもっていたが、突入した警官隊に射殺された。「ニューヨークタイムズ」紙によると、マティンは自身のフェイスブックで「イスラム国」カリフのバグダディに忠誠を誓い、さらに米国やロシアに「イスラム国」への空爆を止めるよう求め、「お前たちは罪のない女性や子供を空爆で殺している」として、復讐《ふくしゅう》を誓っていたという。この事件に対して、「イスラム国」系のラジオ局「バヤーン」は、「カリフの兵士の一人であるオマル・マティンが米国のオーランドで同性愛を犯していた十字軍のナイトクラブでの集まりを襲撃し、100人以上を殺傷したことを神はお喜びになるであろう」とする声明を出した。

しかし、米ＣＩＡのブレナン長官は上院情報特別委員会で、マティンと「イスラム国」との間には「いかなるつながりも発見することはできない」と証言した。ＦＢＩも、マティンは襲撃の前に「イスラム国」から指令を受けたり連絡をとったりしてはいない、と結論付けた。

テロが起こり、「イスラム国」が「犯行声明」を出すと、いまだに欧米や日本のメディアは、テロに「イスラム国」が直接関与したかどうかという組織的なつながりを問題とする。しかし、オーランドの例は、それが無意味だということを示している。重要なのは、組織的なつながりがないのに、「イスラム国」に忠誠を誓う者が「イスラム国」への空爆に復讐するテロを起こしていることであり、「イスラム国」が、それを「カリフ国の戦士によるジハード」と「認定」していることなのである。

2種類のテロを区別しなければ問題の本質を見失う

私はこれまで、ブリュッセルの後で起きたダッカの襲撃事件でも、さらにその後のニースのトラック暴走でも、「イスラム国」の声明は本来の意味での「犯行声明」ではなく、「認定」や「追認」であると書いてきた。

しかし、テロの立案や実施の段階で「イスラム国」と直接関わっているかどうかに関係なく、「イスラム国」が犯行声明を出し、それに対して、フランスのように、テロに対抗して「イスラム国」空爆を強化するという動きが出てくる。「イスラム国」の関与の有無という「事実」は無視され、テロの発生は〈「イスラム国」×米国が主導する有志連合〉という対テロ戦争の構造で処理されることになる。だが、テロの実態を把握するためには、〈「イスラム国」のテロ〉と一括《ひとくく》りにする前に、実際に「イスラム国」とつながっているものと、つながっていないものの2種類があることを認識しなければ、問題の本質を見失うことになる。しかし、「イスラム国」側も、欧米側も、ともにその区別を取っ払っているのである。

「イスラム国」と関連組織の関係や「イスラム国」の声明を知る上では、パリ同時多発テロ事件の2週間前、2015年10月31日にエジプトのシナイ半島で起きたロシア航空機墜落事件も参考になるだろう。

エジプト東部のリゾート地シャルムエルシェイクからロシア・サンクトペテルブルクへ向かうロシア航空会社コガリムアビアのエアバスがシナイ半島に墜落し、乗客・乗員224人全員が死亡。その日のうちに、「イスラム国シナイ州」の名で「ロシア機を墜落させた」とする声明が出た。

当初、声明は「ロシア機を撃墜した」と翻訳されてニュースになったが、軍事専門家から、シナイ半島の「イスラム国」系の過激派組織には、当時、高度９０００メートルを飛行中の航空機を撃墜する兵器も技術もないという見解が出たことで、声明の信憑性《しんぴょうせい》は一気に低下した。さらに事故当初、エジプト航空当局からは「墜落前に機長から緊急着陸を求める通信があった」という話が出たこともあり、墜落は機体の故障によるという見方が強まっていた。

しかし、その後、雲行きが変わった。エジプト政府から「墜落前の機長との交信では異常はなかった」と訂正があり、ロシア航空当局からは「墜落現場で、機体の残骸は20平方キロにわたって散乱しており、高い高度で機体が崩壊したことを示す」とする見方が出た。さらに11月３日、ＣＮＮが「ロシア機の墜落直前に米衛星が現場上空で強烈な熱を観測した」というニュースを報じ、上空で爆発した可能性が高いことを示したことから、ロシア機の爆発は『イスラム国』によるテロ」という可能性が浮上してきた。その後、ロシア航空当局も、突然、テロとの見方を強め、エジプトへのロシア航空機の離発着を停止する決定をくだした。シャルムエルシェイク空港から爆弾が積みこまれ、空中で爆破させられた可能性が強まり、エジプト政府も空港作業関係者の逮捕など対応策をとった。

このような経過を経て、墜落事件直後に出た「イスラム国」声明が、実際の「犯行声明」だった可能性が強くなった。

最初に出た犯行声明に戻ってみると、アラビア語の声明は「カリフ国の戦士たちはロシアの飛行機を墜落させた」となっている。「撃墜」とは書いていない。元になったアラビア語の「ISQAT」は「落とした」という意味であり、撃墜の意味にもなるが、飛んでいるものを「落とす」時にも使われる。その年の3月にドイツ航空機の副操縦士が航空機を故意に墜落させた事件が起きたが、その時のアラビア語ニュースも同じ言葉を使っている。欧米や日本のメディアが、アラビア語の声明文にある「墜落させた」という言葉を「撃墜した」と予断を持って翻訳したために、軍事専門家の否定的な評価が採用されたのである。機内で爆弾を爆発させて「墜落させた」可能性も含んでいれば、「イスラム国」の声明が一蹴されることはなかっただろう。

テロ対応は欧米指導者の「政治的意図」を反映

この「犯行声明」が本物の可能性が強まったことから、シナイ半島にいて「イスラム国」に忠誠を誓うイスラム過激派と、「イスラム国」本部との密接な関係を考えざるを得ない。

ロシア空軍は2015年9月末に「イスラム国」を含む反体制地域への空爆を始め、「イスラム国」報道官のアブ・ムハンマド・アドナニは10月13日に音声メッセージでロシアに対する「ジハード宣言」を出した。そのわずか半月後に、ロシア人の観光客が多いシナイ半島のリゾート地で、ロシア航空機への爆破テロが、空港関係者をとりこんで爆弾を航空機の中に持ちこむという作戦として行なわれたことを示す。さらにその作戦を行なったことが、すぐに「イスラム国」本体に伝わり、声明として出たことになる。

しかし、これほど重大な事案であるにもかかわらず、当初、「イスラム国」の犯行声明がまともにとりあげられなかったのはなぜだろうか。パリ同時多発テロからニース事件まで、何ら新たな事実を伴わず〝作文〟としか思えない「イスラム国」の犯行声明に対して欧米が大騒ぎし、「イスラム国」空爆強化という現実の軍事行動をとった。一方で、航空機爆破テロという重大な可能性を含んだ「犯行声明」を見過ごしてしまっているのである。

政治指導者は、重大な事件や事故に際して、それを自身の政治的な意図を実現する機会として利用するということかもしれない。パリ同時多発テロ直後、オランド大統領が早々と「イスラム国」空爆強化を発表したことについて、当時、私は「この間の数日の報道や情報の流れを見ていると、『「イスラム国」空爆』という戦争を激化させようとする政治的な意図のもとに、未確認情報が飛び出し、それによって世論操作が行われ、政治が動いているように思えてならない。その陰で、フランスや欧州の足下で重大な危機が広がっていくのではないかという危惧を抱かざるを得ないのである」と書いた（「パリ同時多発テロを戦争へと誘導する未確認情報の不気味」「ニューズウィーク日本版」2015年11月18日）。

指導者の「政治的な意図」によって、国の政策が誤った方向に向かい、その結果、国民が不必要な犠牲を強いられることになるのは、2001年の9・11米同時多発テロの後、ブッシュ大統領が「宿敵サダム・フセイン」を倒すために、開戦理由をこじつけて始まったイラク戦争の例がある。パリ同時多発テロ事件の翌日、オランド大統領がフランス議会で「フランスは戦争状態にある」と演説したが、これは9・11の後、当時のブッシュ大統領が演説で使った「米国は戦争状態にある」と同じ表現である。意識して同じ言葉を使ったのかどうかはわからないが、その8ヶ月後にニースで悲惨なテロが繰り返されたことを見ると、オランド大統領の「戦争屋（Warmonger）」手法が、テロをめぐる問題を複雑化させ、自国民の犠牲を増幅させているように思える。そこには、9・11の後にブッシュ大統領がイラク戦争を始めて、現在の「イスラム国」につながる中東の混乱の原因をつくったことと同様の危うさがある。

パリ同時多発テロは重要な転換点だった

中東での「イスラム国」の脅威については、あらためて本書第7章でとりあげるが、互いに密に連絡、連携している中東での「イスラム国」絡みのテロと、パリ、ブリュッセル、ダッカ、ニースで起きた「イスラム国」絡みのテロとの間には、明確な差異がある。

そのような前提にたって、パリ同時多発テロ事件の重要性を考えなければならない。その重要性の第一は、「イスラム国」は、パリ事件で初めて、テロの実施に直接、連絡・連携しているとは思えない事案について公式の声明を出したということである。

２０１４年6月に「イスラム国」が「カリフ国」樹立を宣言して以来、欧米では「イスラム国」に影響されたとする多くの襲撃や傷害事件が起きているが、パリ同時多発テロまで、「イスラム国」による犯行声明は出ていない。同時多発テロの10ヶ月前に、同じパリで、イスラムの預言者ムハンマドを風刺する漫画を掲載した「シャルリー・エブド」紙への襲撃事件が起きたが、その時も、「イスラム国」は後付け的な犯行声明さえ出していない。その意味については、本書第2章でとりあげる。

「殉教作戦」と「突撃作戦」

世界に広がる「イスラム国」絡みのテロの考察に入る前に、欧米で起こっているテロの軍事的な側面を見てみよう。テロという言葉に確固たる定義はないが、「イスラム国」絡みのテロという場合、「民間人（非戦闘員）を標的とする軍事作戦」を指すことにする。

「イスラム国」絡みのテロについて彼らの声明を点検していくと、「殉教（イスティシュハーディーヤ）」と「突撃（イングマシーヤ）」という、二つの作戦名が出てくる。

「殉教作戦」は、自爆ベルトを身体に巻いたり、爆発物をカバンに入れたりする「自爆（インティハーリー）作戦」ともいわれるもので、1990年代半ばから2000年代半ばにかけて、パレスチナのイスラム組織「ハマス」が多用したことでも知られている。イスラムでは「自殺（インティハール）」を禁じていることから、自爆攻撃には「殉教（イスティシュハード）」という言葉を使う。2016年7月3日のバグダッドでの大規模テロは、犯行声明に「殉教作戦」の言葉が出てくる。

一方、ダッカ事件やブリュッセル事件で出された声明には「突撃作戦」とある。アラビア語で「イングマシーヤ（突撃）」は見慣れない言葉だったことから、インターネットで検索してみると、シリアとレバノンに拠点をおくニュースサイト「ハダス・ニュース」に「自爆者（インティハーリー）と突撃者（イングマーシー）の違いは何か」という記事があった。「突撃攻撃はテロ辞典に新たに入ってきた用語」とあり、次のように説明している。

「突撃者とは高度に有能な戦闘員のことであり、自爆ベルトを着用し、銃を装備している。銃弾が尽きるまで銃撃し、その後、必要に迫られれば自爆する。自爆者や殉教者（イスティシュハーディー）は、自爆ベルトだけを身に着けるか、（爆弾を積んだ）車を運転するか、爆発装置を付けて、交戦することなく敵の陣地に入って爆発させる。……アルカイダに近いサイトによると、突撃とは戦闘の中で、自らを犠牲にして敵の中に飛び込んで戦い、味方の戦士たちの戦いに勝利への道を開く……」

まるで、旧日本軍の特攻作戦を思い起こさせるが、「突撃」という用語は「イラクとシリアのアルカイダが出現してから出てきた」としており、「イスラム国」やアルカイダのシリア支部だったヌスラ戦線（現シリア・ファトフ戦線）の戦術としている。

以上のような説明を基にすれば、「突撃攻撃」とは、銃撃してから自爆する戦術のことだと理解してよいだろう。イスタンブールのテロは、まさに「突撃作戦」であり、「イスラム国」の声明が出なくても、トルコの空港という戦略拠点に攻撃を加えようとする実際の「イスラム国」戦士による軍事行動であることがわかる。ブリュッセルのテロは、銃撃があったという情報は後に否定されたので「突撃作戦」ではないが、最初は「自爆と銃撃」を組みあわせた作戦と報じられていたので、「イスラム国」の声明が「突撃」と表現したことは理由がないことではない。

しかし、「突撃」と声明のタイトルに出ているダッカ事件は銃による襲撃だけで、自爆を伴わないので、厳密には「突撃」にはあたらない。もはや「イスラム国」にとっては、銃撃と自爆を兼ねそなえることが常態となり、言葉としては単に「決死隊」を意味するだけになっているのかもしれない。

「突撃作戦」によって、街角に「戦場」を現出させる

しかし、銃撃と自爆を組みあわせた「突撃作戦」に私がこだわるのは、それを最初に知り、衝撃を受けたのがパリ同時多発テロだったからだ。

テロ実行犯は全員が自爆ベルトを巻き、劇場を襲撃したグループや通りで無差別に銃撃した犯人が自爆したことはすでに書いた。本来は目的が異なる銃撃と自爆が一緒になっていることに、当時、私は強い疑問を持った。

通常、自爆する人間は、自爆ベルトを身に着け、あるいは爆弾を入れたカバンを持ち、レス

トランに入ったり、バスに乗車したりして、爆弾を爆発させる。周囲に知られず群衆の中に入って自爆することで犠牲を最大にしようとするのだ。もし、自動小銃などで銃撃すれば市民は逃げてしまうため、その後で自爆しても、爆発による犠牲は逆に少なくなってしまう。実際、銃撃と自爆を組みあわせたパリ同時多発テロやイスタンブール空港テロでも、ほとんどの死者は自爆ではなく、銃撃によって命を落としている。

自爆作戦によるテロを繰り返してきたパレスチナのハマスでは、私が知る限り、自爆する前に市民を銃撃した例はない。また、かつて「イスラム国」から離脱した人間の証言として、参加者を集めて「殉教者になりたい者」に手を挙げさせ、彼らをほかの者から引き離して「殉教者＝自爆者」として遇するという記事を読んだことがある。つまり「イスラム国」でも、かつては自爆志願者に軍事訓練は必要ないという認識だったことが読み取れる。いまでも、バグダッドのシーア派地区への自動車爆弾テロなどでは、銃撃を伴わない「殉教作戦」が採用されている。

それに対して、自爆と銃撃の両方を併せ持つ「突撃作戦」は、市民などソフトターゲットを標的とするテロの手法ではなく、少ない人数で強い敵軍を崩す、戦場での軍事戦術であろう。

イラク戦争後にイラクに入ったアルカイダは、米軍や新生イラク軍を相手にすることになった。その過程で、装備で上回る米軍に対して、死を覚悟の接近戦や突撃攻撃で相手を撹乱して、相手の陣地に突入するような捨て身の戦術を編み出したと推測できる。つまり、イラク戦争やシリア内戦で生まれた過激な軍事戦術が、欧州の街角で、非武装の市民を相手にするテロとして使われたことになる。

パリ同時多発テロの首謀者とされるアブデルハミド・アバウードはブリュッセル出身で、「イスラム国」に入ったことが確認されている。「イスラム国」内で、ブリュッセルから来た戦闘員が「ベルギー人部隊」をつくっていたことは、パリ事件の前から知られていた。パリ事件で「突撃」戦術がとられているということは、ブリュッセルから「イスラム国」支配地域に入ったベルギー人のイスラム教徒が「突撃作戦」のことを知り、パリで実践したと推測できる。

イスタンブール空港での突撃攻撃は、最初の銃撃によって治安部隊によって守られているセキュリティチェックを破り、空港の中に入っても銃撃し、最後に治安部隊に撃たれて、自爆した。空港は戦場ではないが、武装した治安部隊に守られているという意味では、本来の意味の突撃作戦であり、「イスラム国」の戦闘員によるものという見方が説得力を持つ。

しかし、パリのような戦場からはるか遠い場所で、それもレストランや劇場が並ぶ民間地域で、銃撃と自爆を組みあわせた「突撃作戦」をとることに軍事的な必要性があるとは思えない。

にもかかわらず、「突撃作戦」という戦術がパリの街角でとられたということは、実行犯はパリにおいて、あたかも戦場にいるかのように戦ったことになる。その結果、パリの通りは一時的に「イスラム国」の戦場となったのである。翌日にオランド大統領が議会で「フランスは戦争状態にある」と演説し、即座にシリアとイラクにまたがる「イスラム国」支配地域への空爆強化を宣言した。フランス大統領とパリのテロ実行犯は、ともに、フランスから3000キロ以上離れた「戦場」と自分たちとを結び付けて考えている。つまり、両者の思考に相似性を読み取ることができるのだ。

フランスが参加する有志連合の空爆は、「イスラム国」が樹立を宣言した2014年6月から3ヶ月後に「対テロ戦争」として始まった。空爆と、無人爆撃機ドローンによる暗殺作戦が中心の〝靴に泥がつかない戦争〟である。通常の戦争であれば、攻撃を仕掛ければ反撃されるが、「イスラム国」に対する空爆は、軍事的な反撃を受けることを想定しない一方的な戦争である。しかし、自らを安全地帯に置いて殺戮を続ける「対テロ戦争」の論理は、パリの街角に「イスラム戦士」が現れ、「戦場」が出現することで破綻する。

「遠い戦争」が「近いテロ」を生み出し、市民が犠牲になる。それは、21世紀における戦争とテロの新たな関係性を示しているように思える。

第2章　「イスラム国」とグローバル・ジハード

肥大化する「イスラム国」の影

パリ同時多発テロは、テロの手法として「銃撃と自爆」を併せ持つ、それまでにないものである。また、それに対する「イスラム国」の「犯行声明」は、欧米でのイスラム教徒によるテロを「カリフ国の戦士によるジハード」と認定した最初の例である。これによって、米国が主導する有志連合に参加して「イスラム国」を空爆したり、有志連合を支援したりしている国々にテロが拡散する、という意味での「グローバル・ジハード」状況が生まれた。

本書第1章で詳述したように、パリ同時多発テロの後、ブリュッセル、ダッカ、ニースと「イスラム国」は立て続けに「犯行声明」を出したが、声明と事実関係との間に食い違いがあり、「イスラム国」と実行犯の間に事前の連絡があったとは思えない内容である。欧米や日本のメディアは、「イスラム国」の犯行声明が「真正」のものかどうか問題にしているが、「イスラム国」自身がすでにそのようなこだわりを放棄し、欧米でのイスラム教徒の暴力行為を、自動的に「カリフ国の戦士によるジハード」と認定する仕組みができたことになる。「イスラム国」は自分たちがお墨付きを与えることで、欧米に恐怖と圧力を与えることを狙っているのだ。

パリ同時多発テロの際のオランド大統領は、犯行声明を吟味する間もなく「イスラム国」空爆の強化を宣言した。自国内のテロと「イスラム国」を連結させ、「イスラム国」の影を肥大化させる役割を自ら担ったともいえる。

そもそも「イスラム国」にグローバル・ジハード戦略はなかった

2015年11月のパリ同時多発テロが、「イスラム国」によるグローバル・ジハードの最初である――というと意外に聞こえるかもしれない。

「イスラム国」が2014年6月に出現して以来、それを、2001年に9・11米同時多発テロを起こしたアルカイダと同様、グローバル・ジハードと結び付けるような見方がある。それによって、「イスラム国」は出現当初からグローバル・ジハードを行なってきたと考えられたのかもしれない。だが「イスラム国」は、パリ同時多発テロまで、9・11のような形で、欧米でテロを行なうグローバル・ジハード戦略は持っていなかった。２０１５年1月7日にパリで起きた週刊新聞「シャルリー・エブド」襲撃事件や、その2日後にあったユダヤ系商店での人質立てこもり事件では、「イスラム国」の声明は出ていない。

襲撃された「シャルリー・エブド」は、２００6年ごろからイスラムの預言者ムハンマドを風刺する漫画を繰り返し掲載してきたことで知られ、武装したイスラム教徒2人は、同紙編集長や風刺画家ら計12人を殺害して逃走。２日後に印刷会社に立てこもったところでフランスの特殊部隊に包囲され、殺害された。

実行犯はアルジェリア出身の移民の家に生まれた30代の兄弟で、弟がイラク戦争後に駐留米軍と戦うための戦闘員を送ろうとした容疑で実刑となり、兄はイエメンのアルカイダで軍事訓練を受けた可能性があるとの報道もあった。ＡＰ通信は、イエメンの「アラビア半島のアルカイダ」メンバーの「アルカイダ指導部が攻撃を指示した。イスラム教徒の神聖なものを汚したためだ」という言葉を伝えた。しかし、兄弟とイエメンのアルカイダの関わりは10年前のことで、事件がイエメンのアルカイダの直接の指令とは考えにくかった。

また、ユダヤ系商店の人質立てこもり事件を起こした32歳のイスラム教徒アメディ・クリバリは、犯行を認めるビデオを残し、その中で「イスラム国」に忠誠を誓ったことを明らかにしていた。

　クリバリは「シャルリー・エブド」襲撃事件が起こった7日にパリ市内で通行人を銃撃して負傷させ、翌8日には警官を銃殺し、さらに9日にユダヤ系商店に押し入ってユダヤ人4人を殺害した。ビデオは8日に撮影されたと見られるが、「イスラム国」の黒旗の前で、「私はカリフ・イブラヒームに忠誠を誓う」と語っている。イブラヒームは「イスラム国」のカリフであるアブ・バクル・バグダディの本名だ。クリバリは、自分が「シャルリー・エブド」襲撃犯と一緒に動いていることを明らかにした上で、こう述べる。

「我々の行動は合法である。お前たちは『カリフ国』を攻撃している。だから我々はお前たちを攻撃する。お前たちは犠牲者のようなふりをしているが、お前たちの有志連合は『イスラム国』を空爆し、市民を殺し、戦士を殺している。だから我々も戦うのだ」

　これほど明白なメッセージもないだろうが、それでも「イスラム国」は、テロにお墨付きを与えるような犯行声明は出さなかった。もし、パリ同時多発テロの後であれば、クリバリは間違いなく「カリフ国の戦士」に認定されていたことだろう。

　事件の数日前、クリバリの妻はトルコ経由で「イスラム国」に入ったとされ、「イスラム国」の英文機関誌「ダービク（Dabiq）」は、その妻のインタビューなるものを掲載した。記事の中で妻は「夫（クリバリ）はカリフを信じ、すぐに忠誠を誓った。彼は『イスラム国』のビデオを見ると、いつも目が輝いた。彼は『それを私に見せるな』といった。ビデオを見ると、すぐにでも（カリフ国に）移住したくなるから、という。彼にはフランスで作戦を実行しなければならないという思いとの間で葛藤があった」と語っている。また事件の数日後に、「イスラム国」が出したビデオの中で「シャルリー・エブド」襲撃事件を称賛したというニュースが出たが、「イスラム国」による「追認」には至らなかった。

「イスラム国」前史

「イスラム国」は2014年6月10日にイラクの第二の都市モスルを制圧し、世界に衝撃を与えた。正確にいえば、モスルを制圧した時には「イスラム国」ではなく「イラク・シリア・イスラム国（ISISまたはISIL）」だった。その後、6月29日にISISを率いるアミール（司令官）のアブ・バクル・バグダディをカリフとする「イスラム国」の樹立を宣言した。

「カリフ」とはイスラムの預言者であるムハンマドの「後継者」を意味するアラビア語であり、イスラム法に基づく指導者であるカリフが統治する国が「カリフ国」である。「イラク・シリア・イスラム国」にISISとISILという二つの英語略語があるのは、もとは「イラクとシャームのイスラム国」というアラビア語であるためだ。「シャーム」とは現在のシリア、レバノン、ヨルダン、イスラエル、パレスチナを含む地域を指し、日本語では「大シリア」と訳す場合もあるが、英語ではそれについて「レバント（Levant）」という訳を与えるために「Islamic State in Iraq and the Levant」の頭文字をとってＩＳＩＬと呼ばれる。ただし、英語でも「シャーム」を単に「シリア」と訳し、「Islamic State in Iraq and Syria（ＩＳＩＳ）」という呼び名もある。本書では、「レバント」という言葉が一般の日本人になじみが薄いので「イラク・シリア・イスラム国（ＩＳＩＳ）」と呼ぶことにする。

「イスラム国」の前身は、２００３年のイラク戦争で米軍のイラク占領が始まった後にイラクで台頭した反米ジハード組織「タウヒード・ワ・ジハード（神の唯一性とジハード）」である。指導者のヨルダン人アブ・ムサアブ・ザルカウィは、翌04年にアルカイダのオサマ・ビンラディンに忠誠を誓い、組織名を「イラク・アルカイダ」に変更した。ザルカウィは06年6月に米軍の空爆で死ぬが、同年10月にはイラクのスンニ派反体制組織を糾合する「イラク・イスラム国」が創設された。さらに２０１３年にシリア内戦に参画して「イラク・シリア・イスラム国（ＩＳＩＳ）」となり、14年6月に「イスラム国」樹立を宣言するという変遷をたどった。

ローカルな活動期

イラク戦争後に米軍が駐留したイラクで、「イラク・アルカイダ」や「イラク・イスラム国」は、戦後に再編された警察や軍隊の応募の列に向けて車爆弾を爆発させたり、シーア派地域での自爆テロを行なったりするスンニ派過激派組織として度々ニュースになった。しかし、2006年にイラクでシーア派とスンニ派の宗派抗争が激化し、混迷を深めると、イラク情勢自体が国際ニュースになることも少なくなった。2011年に「アラブの春」が始まると、イラクは全くニュースから外れてしまった。

国際ニュースを独占した「アラブの春」は、2013年のエジプトの軍事クーデターやシリア内戦の激化によって、2014年春には行き詰まっていた。そんな時に、大時代的な「カリフ制」を宣言する「イスラム国」が出現した。世界のメディアがこのニュースに飛びついたことはいうまでもないが、「アラブの春」で指導力を示せず、シリア内戦でも腰の引けた対応しかできなかった米オバマ政権は、「イスラム国」出現を影響力回復の機会ととらえたのかもしれない。同年8月7日、オバマ大統領が「イスラム国」に対するイラク側での空爆を承認し、9月にはシリア側にも空爆を拡大した。

「イスラム国」が、過激派組織でありながら「国」を名乗り、イスラム法（シャリーア）を実施して大臣や担当を決めて政府のような機構をとったのは、すでに述べた2006年の「イラク・イスラム国」にさかのぼるが、2013年にシリア内戦に参戦するまで、「イラク・イスラム国」は文字通り、イラク国内の過激派組織だった。欧米人や日本人、韓国人にオレンジ色の服を着せて、首を切る場面をインターネットで流すなど、現在の「イスラム国」にも引き継がれている残忍さを強調する映像手法は変わらないものの、イラク・ローカルにとどまり、決して「グローバル」ではなかった。

「イラク・アルカイダ」や「イラク・イスラム国」は、イラク戦争後に、米軍に協力してイラクに軍隊を送った有志連合の陣地に対して車爆弾によるテロを繰り返してきた。日本の陸上自衛隊が駐留したイラク南部のムサンナ州サマワの南東100キロのナーシリヤでは、2003年11月、イタリア警察軍の駐屯地に爆弾を積んだトラックが突入して自爆し、20人近いイタリア人兵士が死亡。犯行手法からアルカイダ系組織の仕業と見られた。米軍陣地や米軍車両も繰り返し自爆テロに襲われた。しかし、軍隊を送っている国々の本国で「イラク・アルカイダ」がテロを起こしたことはない。さらに「イスラム国」のカリフのバグダディも参加した「イラク・イスラム国」も全くのイラク・ローカルだったからこそ、欧州の軍隊が次々と撤退した後、何年間も国際ニュースで取り上げられることはなかったのである。

なお、2004年3月にマドリードで191人が死亡した列車爆破テロは、イラクからのスペイン軍早期撤退のきっかけとなったが、このテロに関与したとされるのはビンラディンが率いるアルカイダ本体であって、「イラク・アルカイダ」との関係は全く出ていない。

ザルカウィが「タウヒード・ワ・ジハード」や「イラク・アルカイダ」を率いて、イラク以外で実際にテロを行なった唯一の例は、2005年11月にイラクの隣国ヨルダンの首都アンマンの三つのホテルで起きた大規模な連続爆破テロである。このテロで60人が死んだ。ヨルダンはザルカウィの出身地であり、当時、「イラク・アルカイダ」がイラクだけでなくヨルダンにもテロを拡大する一歩になるかもしれないと考えられたが、結果的には単発で終わった。2006年2月にイラクで始まったスンニ派とシーア派の宗派抗争が激化し、ザルカウィ自身が同年6月に米軍の空爆で死亡したことで、ヨルダンへのテロ拡大は立ち消えになったのかもしれない。もっとも、ヨルダン出身のザルカウィにとってはヨルダンでの「ジハード」は「ローカル・ジハード」である。

初めて出された欧米のイスラム教徒へ向けたメッセージ

「タウヒード・ワ・ジハード」から「イラク・アルカイダ」「イラク・イスラム国」「イラク・

シリア・イスラム国」と変遷してきた「イスラム国」は、２０１５年11月のパリ同時多発テロで、初めて欧米でのテロに「犯行声明」を出した。

「イスラム国」の「グローバル・ジハード」への転換を考える時、その契機となるのは、２０１４年9月22日に「イスラム国」報道官のアブ・ムハンマド・アドナニによって出された、米国が率いる有志連合の市民の殺害を呼びかけた声明である。当時、メディアによっては「『イスラム国』が、欧米などの一般市民への攻撃を促す声明を出したのは初めて」と但し書きをつけているところもあった。

欧米のメディアがそろって引用した「市民殺害」を呼びかけた部分は、声明の後半に出てくる。日本のメディアではいずれも小さな扱いだったが、フランスのＡＦＰ通信は、「米国人や欧州人、特に悪意のある汚れたフランス人、あるいはオーストラリア人やカナダ人……『イスラム国』に敵対する連合に加わった国々の市民を殺害できるのであれば、アラーの名の下に殺害せよ。不信仰者は、民間人だろうが軍人だろうが殺害せよ」と声明を詳しく引用した。

引用は妥当なものであるが、もとの声明を省略せずに訳出すれば次のようになる。

「もし、あなたたちが殺害できるのであれば、信仰なき米国人や欧州人、その中でも特に悪意に満ち、汚れたフランス人、あるいはオーストラリア人やカナダ人という、『イスラム国』に敵対する有志連合に加入した国々の市民を含む不信仰者どもを、アラーにすがって、どのような方法によってであれ殺害せよ。これについては誰かの忠告や誰かの裁定を得る必要はない。民間人だろうが軍人だろうが不信仰者たちを殺害せよ」

ＡＦＰ通信は、さらにアドナニの声明を引用しながら、「軍装備品がなくても殺人行為を実行できる方法について『相手の頭を石で殴る、ナイフで刺す、車でひき殺す、高所から落とす、窒息させる、毒を盛る』などと説明している」と伝えている。この引用部分は、声明の最後の方に出てくる。声明を忠実に訳出するとこうなる。

「もし、あなたが爆発物も銃弾も見つけることができなければ、アメリカ人やフランス人、さらにそれらの連合国の市民を選び出し、岩でその頭を砕け、ナイフでその喉を切れ、車でひき殺せ、高いところから突き落とせ、窒息させろ、または毒を盛れ。方法は何でもある」

確かに暴力的な声明である。しかし、「殺せ」と呼びかける言葉だけでは、欧米に住むイスラム教徒の心を動かすことはできない。日本や欧米の報道には出てこないが、声明には、欧米にいるイスラム教徒に呼びかける次のようなくだりがある。

「信仰者たちよ。あなたたちは十字軍の軍隊が市民も戦士も区別せずに、イスラム教徒の土地を空爆している時に、アメリカ人やフランス人、さらに他の有志連合の国民が、この地球を安全に歩くのを放っておいているのか？　彼らは3日前にシリアからイラクに運行するバスを空爆して、9人のイスラム教徒の女性を殺害した。あなたたちはイスラム教徒の女性たちや子供たちが昼夜なく続く十字軍の爆撃機の轟音《ごうおん》を恐れて震えている時に、不信仰者どもを家で安全に眠らせておくのか？　あなたたちはあなたたちの兄弟を助けることなく、キリスト教徒の胸に恐れを投げ入れることもなく、彼らによる数多くの空爆に対して何かしようとすることもなく、人生を楽しみ、安眠を得ることができるというのだろうか？」

メッセージの意図はどこにあるのか

アドナニの意図は明らかだ。有志連合による空爆が続く「イスラム国」の状況を訴えて、欧米に住むイスラム教徒に対して「参戦」を求めるものである。それは、シリア・イラクにまたがる「イスラム国」に来て戦えというのではなく、欧米にいながら、できうる方法で戦え、というものである。

さらにアドナニが「イスラム国」の「正統性」を語っているのは次の部分だ。

「アメリカ人よ、欧州人よ、あなたたちの政府やメディアはあなたたちに信じさせようとしているが、『イスラム国』があなたたちへの戦争を始めたわけではない。我々に対する攻撃を始めたのはあなたたちであり、あなたたちが責められるべきであり、それに対する高い代償をあなたたちが払うべきだ。あなたたちの経済が崩壊したら、それはあなたたちが支払う代償である。あなたたちの息子が我々に対する戦争に送られて、不自由な体になって戻ってきたり、棺《ひつぎ》に入って戻ってきたり、または精神を病んで戻ってきたりしたら、それはあなたたちの代償である。あなたたちがどこかに旅行することを恐れるようになれば、それはあなたたちが支払う代償であり、あなたたちが通りに出て歩く時に、近くにイスラム教徒がいないかどうかを恐れて右左を見るようになるのも同様である。あなたたちは寝室にいる時でさえ、安心してはおれなくなる。この十字軍が崩壊し、我々があなたたちの国で、あなたたちを攻撃するようになる時、あなたたちはさらに代償を払うことになるだろう。そうなれば、あなたたちは誰も傷付けることはできなくなる。あなたたちは代償を払うことになるだろう。我々はあなたたちに痛みを味わわせるよう準備をしてきたのだ」

アドナニが「我々に敵対するものは軍人であれ、市民であれ殺せ」と言っている部分だけを読んだ時と、欧米のイスラム教徒への呼びかけや、欧米人への呼びかけを含めて読んだ時では、印象はかなり変わってくる。単に「殺せ」と言っているよりも、その言葉の背景にある彼らの怒りを知ることで、むしろ、より恐ろしくなるかもしれない。

アドナニは疑いなく「グローバル・ジハード」を呼びかけている。しかし、「イスラム国」が欧米のイスラム教徒に向けてジハードを呼びかけるのは、この２０１４年9月22日が初めてだ。事実関係として、米欧の「イスラム国」への空爆は、それ以前に始まっている。

なお私は、「イスラム国」が「グローバル・ジハード」を呼びかけない時の方がましだった、というつもりは全くない。イラク戦争後の２００３年にザルカウィが「タウヒード・ワ・ジハード」として活動を活発化させた当初から、バグダッドの国連現地本部を爆破してデメロ特別代表をはじめとする20人以上の民間人を殺害したり、シーア派を敵視して民衆を無差別に殺戮する自爆テロを繰り返したり、日本人旅行者を含む外国人を捕えて首を切りインターネットで公開するなど、残酷さは当時から変わってはいない。

欧米が仕掛けた「対テロ戦争」

当初、「イスラム国」が欧米や日本へのテロ拡散を宣言することはなかった。だが、２０１４年9月のアドナニ声明が「グローバル・ジハード」を宣言したことで、パリ同時多発テロ以降、欧米の市民は、欧米の街角にいながら「代償を払う」ことになった。市民の安全を守ることが政府の責任であり、義務であるとすれば、このような推移は、結果的には、欧米政府の

「イスラム国」対応にも問題があったということだろう。

米国ブッシュ政権が9・11の後に突き進んだイラク戦争は大義のない戦争であり、中東と世界を不安定にしたという認識は、米国内でさえ広く受け入れられている。米軍は4000人を超える死者を出し、イラクの混乱を増幅させ、「イスラム国」の出現まで引き起こした。そのような過ちを犯しながら、いままた欧米は「イスラム国」への対応で決定的に間違っているのではないか、という懸念を抱かざるを得ない。

2014年6月29日の「イスラム国」樹立宣言から9月22日のアドナニ声明までの3ヶ月間、国際社会は次のような経過をたどった。

▽8月7日　フランスの求めにより国連安全保障理事会で「イスラム国」をめぐる緊急会合を非公式で開催。
▽8月7日　米国オバマ大統領が「イスラム国」へのイラク国内での空爆を承認。
▽9月10日　オバマ大統領が「イスラム国」を打ち砕くために66ヶ国・組織による「地球規模の連合（グローバル・コアリション）」の結成を発表。日本も参加。
▽9月15日　パリで「イスラム国」への対応策を協議するため約30の国と機関の代表らが国際

会議。
▽9月19日　フランス政府はイラク側の「イスラム国」への空爆に踏み切る。
▽9月22日　オバマ政権は米軍と有志連合の「イスラム国」空爆をシリア領内にも拡大したことを発表。作戦にはサウジアラビア、アラブ首長国連邦、ヨルダン、バーレーン、カタールの5ヶ国も参加。

「イスラム国」の実体やグローバル・ジハード、欧米による対テロ戦争の問題点については別の章でとりあげるが、欧米と「イスラム国」の関係だけを見れば、先に戦争を仕掛けたのは欧米の方である。それも、地上戦を避けるための空爆という形である。

空爆の犠牲になる民間人

有志連合の空爆については、シリア人権ネットワーク（ＳＮＨＲ）という独立系人権組織がシリア側について報告書を出している。それによると、２０１４年9月から２０１６年10月までの約2年間の有志連合の空爆による民間人の死者は計６３９人という。うち子供２４４人、女性１３２人。これはシリア側だけで、集計している人権組織がないイラク側は入っていない。

有志連合の空爆で、シリア側と同程度の民間人に犠牲が出ているとすれば、民間人の死者総数は1200人になる。

SNHRのリポートには、空爆の日時、場所、犠牲者の名前や生存者の証言などが出ている。例えば、2015年7月30日、「イスラム国」支配下のブオカメルでは午前1時半ごろ、有志連合の空爆で2発のロケットがセメント工場に隣接する民家に着弾した。ロケットの1発は民家に命中し、周辺の5軒の家が破壊され、3人の子供と1人の女性を含む5人の民間人が死亡し、17人が負傷したという。周辺の住民の証言によると、「ロケットの1発は2階建てビルに命中し、通りや壁には血とバラバラになった身体が飛び散っていた。負傷者は病院に搬送され、私は中に入ろうとしたが、『イスラム国』の兵士から、別の空爆があるかもしれない、と止められた。5人の死者はみなハッソ家のメンバーだと聞いた」という。アドナニの声明では「有志連合の空爆によってバスが攻撃を受け、女性が死んだ」と述べているが、十分ありうることである。

オバマ大統領は、ブッシュ政権による「対テロ戦争」がもたらした政治的、軍事的な混乱を収拾するために登場した。イラクからの米軍撤退を実現し、任期中に実現はしなかったが、アフガニスタンからの米軍撤退にも一応の道筋をつけた。その彼が、任期の最後になってあらためて「対テロ戦争」に足を突っこむことになるとは皮肉なことである。

オバマ氏は空爆開始にあたって、「『イスラム国』は国家ではないし、従っている民衆もいない。単なるテロ組織だ」と語った。米軍がイラクの「イスラム国」の空爆に入ったのは8月8日だが、その時、「イスラム国」は6月10日にモスルを制圧した後の第2次大規模攻勢に出て、少数派のヤジディ教徒が多い西方のシンジャルを制圧し、さらに東方のクルド地区やクルドが支配する油田地帯キルクークを脅かす勢いとなった。オバマ大統領は、「イスラム国」に制圧されたヤジディ教徒数万人が水もない山間地に逃れて「大虐殺の恐れがある」という人道危機を武力行使の最大の理由とした。しかし、米軍による空爆の中心は、西方のシンジャルではなく、モスルとアルビルの間の東方の地域だった。一方で、山間に孤立したヤジディ教徒の救出作戦について、米国防総省は空爆から5日後の13日に「孤立していたヤジディ教徒は予想よりも少なく、多くは自力で脱出した」として、救出作戦は必要ないと発表した。この経過を見る限り、米軍が空爆に踏みこんだのは、米国の利権と直接つながるキルクーク油田を押さえるクルド地区防衛のためと考えざるを得ない。

米国の空爆が、「イスラム国」を「受難」の象徴にする

スンニ派のイスラム宗教者として有名なカラダウィ師は、ツイッターで「私は『イスラム国』には考え方も手法も反対だが、米国が戦うことを受け入れることはできない。米国はもし、血を流すとしても、イスラムの価値のもとに戦うのではなく、自国の利益のために戦うのだから」と書いている。カラダウィ師は、カタールの衛星テレビ局アルジャジーラで人気の宗教番組に登場していた穏健派宗教者として知られ、視聴者の質問に直接答えるなど、スンニ派イスラム世界で人気がある。もちろん、「イスラム国」の残酷な手法には反対する立場である。

中東・イスラム世界では、米国が中東に介入するのは、同盟国のイスラエルを守るためと、石油利権を守るためという二つの理由しか信じられていない。オバマ大統領が「イスラム国」への空爆で「正義」や「少数派の救済」などと唱えても、その言葉は、中東のイスラム教徒には全くといっていいほど信用されない。

欧米が「イスラム国」への空爆を始めた2014年秋の段階で、シリア内戦は3年半が過ぎ16万人以上が死んだとされていた。最大の死者はアサド政権による反体制地域への空爆と樽《たる》爆弾投下という無差別攻撃によるものだ。米国は2013年秋、化学兵器使用疑惑によって、一時はアサド政権に対する空爆など武力行使を検討したが、結果的には断念した。なのに、その1年後には「イスラム国」への空爆という武力行使を決断した。

また、同時期の2014年7月から8月にかけての50日間に、イスラエル軍によるガザ空爆・侵攻で2000人以上のパレスチナ人が死に、その多くが民間人だった。しかし米国は、同盟国であるイスラエルの非人道的な武力行使を真剣に止めようとはしなかった。アラブ世界では、カラダウィ師がいうように、米国が「ヤジディ教徒への虐殺を防ぐため」という人道的な理由を掲げたとしても、それを真に受ける空気はないということである。

シーア派を敵視し、偏狭かつ残虐な手法をとる「イスラム国」がアラブ・イスラム世界の民衆に広く支持されることはない。しかし、「イスラム国」空爆について「正義」を語るオバマ大統領は、中東での米軍の軍事介入がいかに否定的に見られているかを自覚していない。米軍が「イスラム国」を攻撃すれば、それだけで中東・イスラム世界で「イスラム国」への支持が強まることにさえなりかねない。空爆が続けば続くほど、「イスラム国」は米国によるイスラム教徒の「受難」の象徴となり、アドナニが呼びかけたように、世界中から「『イスラム国』を救え」という声があがり、イスラム教徒の若者が「ジハード」のために集まることになりかねないのだ。

後付けの「ジハード」認定

「有志連合に参加している国々の市民を殺せ」と呼びかけたアドナニ声明の後、イスラム教徒による暴力が欧米で続発した。以下は、CNNが報じたものである。

▽2014年10月20日　カナダのケベックで改宗イスラム教徒が兵士2人を車でひき、1人を殺害した。犯人はインターネットを通じて「イスラム国」への支持を表明していた。

▽10月22日　カナダのオタワで改宗イスラム教徒が戦没者記念碑を警備中の兵士を射殺し、その後、連邦議会議事堂に行き、銃を乱射したが、守衛に射殺された。

▽10月23日　米国ニューヨークで男が警官を斧で襲い、2人を負傷させた後に射殺された。男はインターネットで「イスラム国」のサイトを見ていたという。

▽12月20日　フランスのジュエレトゥールで、改宗イスラム教徒のフランス人男性が刃物で警察官3人を襲撃して負傷させ、本人は射殺された。容疑者のフェイスブック画面に「イスラム国」の旗が出ていた。

▽2015年1月7日～9日　パリで「シャルリー・エブド」新聞社襲撃事件、警官襲撃事件、ユダヤ系商店への立てこもり事件。計17人が死亡し、容疑者3人も射殺。

▽2月14日　デンマークの首都コペンハーゲンでイスラム教への冒瀆《ぼうとく》と言論の自由に関する討

論会の会場に対する銃撃があり、1人が死亡、警官3人が負傷。翌15日未明、同市内のシナゴーグ（ユダヤ教礼拝所）付近でも銃撃事件があり、犯人は警官に射殺された。犯人はフェイスブックで「イスラム国」への忠誠を誓っていた。

▽5月3日　米テキサス州ダラスでイスラムの預言者ムハンマドの風刺画展示会の会場近くで男2人が銃撃して、警備員1人が負傷。容疑者2人は警官に射殺された。

▽11月4日　米カリフォルニア州の大学で、イスラム教徒の男が刃物で周囲にいた4人に切り付け、負傷させた。男は警官に射殺された。警察は男が「イスラム国」のサイトを見て影響されたと結論付けた。

以上の事件について、CNNはいずれも「『イスラム国』に影響を受けた」としている。しかし、「イスラム国」がこれらについて「カリフ国の戦士によるジハード」として犯行声明を出したり、追認したりすることはなかった。ところが、パリ同時多発テロで初めて「イスラム国」の正式の犯行声明が出されると、その後は欧米での暴力事件に対して犯行声明が出されることが普通になった。

2016年7月中旬にドイツの列車内で起こった、アフガン人の17歳の少年が斧やナイフを振り回して4人を負傷させた事件さえ、アアマク通信によって「カリフ国の戦士」と「認定」されている。だが、この少年が「イスラム国」からドイツでテロをするべく送りこまれたと考える者がいるだろうか。少年の行動だけ見れば、パリ事件の前に欧米で続いたイスラム教徒の暴力事件と全く同じである。変わったのは「イスラム国」が「ジハード」として認定したということだ。つまり、欧米でのイスラム教徒の暴発的な凶行が、「イスラム国」の唱える「グローバル・ジハード」の手段として、後付けで認定されたということになる。

あおられたのは、むしろ「イスラム国」ではないか

「ジハード」とは、『コーラン』では「アッラーの道のために奮闘努力すること」と説明されている。「アッラーの道」とはイスラムの敵と戦うことだけではなく、礼拝や貧者への施しなど善行に勤《いそ》しむことである。いくら「イスラム国」が空爆などの攻撃を受けているからといっても、信徒に対して報復のための無軌道な暴力を呼びかけることが、イスラムの唱える「アッラーの道」なのか、という疑問を持たざるを得ない。『コーラン』と預言者ムハンマドの言行録『ハディース』を法源とするイスラム法では、ジハードとして子供や女性を殺すことは認められていないが、そのようなルールは全く無視されている。

「イスラム国」報道官のアドナニは、欧米のイスラム教徒にジハードを呼びかけた後、欧米でイスラム教徒による暴力事件が続くことを想定していたのだろうか。もし想定していたのなら、声明の後、先に挙げたように欧米でイスラム教徒による〝テロ〟が続き、その中には明らかな「イスラム国」信奉者も含まれていたのに、なぜ、「犯行声明」を出さなかったのだろうか。

実際の理由はわからないが、「イスラム国」がパリ同時多発テロで方針転換をしたのは疑いないだろう。本書第1章で説明したように、パリ同時多発テロについての「イスラム国」の声明は、短く事実だけを書くほかの「犯行声明」とは異なり、最初に『コーラン』を引用し、正式な声明の体裁をとっていることから、何らかの特別の意思が働いたと推察できる。「イスラム国」の「グローバル・ジハード」が始まるのは、2014年9月のアドナニ声明からではなく、2015年11月のパリ同時多発テロからだと私が考えるのは、そのような理由である。

アドナニは欧米のイスラム教徒に、有志連合の空爆にさらされている「イスラム国」の戦争について「あなたたちと無関係ではない」と訴え、有志連合に参加する欧米人を「軍人、民間人を区別せずに」殺害することを求めた。

シナイ半島のように「イスラム国」が直接の影響力を持つイスラム世界であれば、行動を起こす人間がいるかもしれない。しかし、アドナニが呼びかけた相手は、欧米に住んでいるイスラム教徒である。アドナニにとっては、欧米に対する敵対姿勢を示すレトリックの要素もあっただろう。しかし、欧米に住むイスラム教徒から実際に声明に呼応するような行動が相次いで起こった。そのような動きを自分たちの「ジハード」として認定するまで1年以上を要したということは、むしろ「イスラム国」が欧米での暴力事件の発生にあおられ、現実に追い付く形で「グローバル・ジハード」の道を踏み出したという読み方さえできよう。

SNSが「戦場」を拡大する

アルカイダは9・11米同時多発テロの後、世界のイスラム教徒が呼応して立ちあがることを呼びかけたが、欧米でイスラム教徒の暴力が続くようなことはなかった。一方、アドナニ声明をきっかけに、それに影響された暴力事件が続いたということは、欧米のイスラム教徒の方に、シリアやイラクの戦争を「自分たちの現実の一部」と考える土壌や思考回路がすでにできあがっていたと考えるべきだろう。

欧米の街角で「カリフ国の戦士」が市民を銃撃し、自爆し、斧で切り付け、車を群衆に突入させる。数千キロの距離を超えて「イスラム国」の戦場が欧米の街角に出現したのである。なぜ、二つの〝現実〟がつながったのだろうか。

重要なことは、欧米でテロを起こしている者たちは、「イスラム国」が送った戦士ではなく、欧米に居住する市民だということだ。アドナニは欧米のイスラム教徒に対して、「イスラム国」に属する市民としてジハードを呼びかけている。欧米のイスラム教徒は、本来は居住国の市民であるが、自分を「イスラム国」に属する市民だと認識する時、周りの市民は敵となり、自分が生まれ育った国が敵国となる。

「シャルリー・エブド」襲撃事件に呼応してユダヤ系商店の人質立てこもり事件を起こしたイスラム教徒アメディ・クリバリは、「イスラム国」に行ったこともないのに、インターネットを通じて「イスラム国」への市民意識を表明した。彼は「イスラム国」のカリフに忠誠を誓い、「イスラム国」への移住か、「イスラム国」の戦士としてジハードを行なうかという選択で、ジハードを選んだ。

クリバリだけでなく、アドナニ声明の後、欧米で暴力事件を起こしたイスラム教徒については、度々、インターネットを通じて「イスラム国」への帰属意識を持っていたことが指摘されている。自分が住んでいる現実の場所ではなく、自分が情報として得ている世界に対する帰属意識が生まれる条件として、SNS（ソーシャル・ネットワーキング・サービス）の役割は大きいだろう。SNSでは、自分が選択した世界から常時、情報が流れこみ、勝手に人間関係が広がり、いつの間にか日常の大きな部分を占めることになる。

フェイスブックやツイッターは、9・11の時にも、イラク戦争の時にもなかった。SNSによって政治が動いたのは、フェイスブック革命、ツイッター革命と呼ばれた2011年の「アラブの春」であった。「イスラム国」と「アラブの春」の関係は第4章で取り上げるが、「イスラム国」はその流れを汲《く》んでいるのである。

第3章　「イスラム国」とアルカイダ

アルカイダ誕生の時代背景

「グローバル・ジハード」といえば、9・11米同時多発テロを起こしたアルカイダが宣言した戦略である。「イスラム国」は「イラク・アルカイダ」を名乗っていた時期もあり、アルカイダと重なってもいる。したがって、「イスラム国」の「グローバル・ジハード」はアルカイダと同じもの、または引き継いだものと考えられがちだが、踏みこんでみると、さまざまな違いが見えてくる。

両者の違いは、当然のこととして、時代の流れを映している。

アルカイダは徹底して「反米ジハード」だったが、「イスラム国」はそうとはいえない。

アルカイダが活発に活動した1990年代から2001年の9・11までは、米国の一極時代と重なる。アルカイダにとって米国は巨大な敵だった。しかし、「イスラム国」が出現した2014年は、アラブ世界の民主化運動である「アラブの春」に対して米国は腰が引けた対応をとり、その後のエジプトのクーデター、そしてシリア内戦でも米国は効果的に対応することができず、中東での指導力が決定的に低下した。

アルカイダは、1988年、アフガニスタンとパキスタンのペシャワールで、アフガニスタンに侵攻したソ連軍に対するジハードのために創設された。アルカイダはアラビア語で「基地」を意味する。しかし、ソ連軍は89年に撤退してしまい、アラブ諸国からアフガニスタンに対ソ連ジハードのために来ていた戦士である「アフガン・アラブ」はそれぞれ祖国に戻る。ビンラディンも89年にサウジアラビアに戻った。

90年のイラクによるクウェート侵攻でサウジも脅威にさらされた時、ビンラディンはサウジ政府に、アフガン・アラブを動員して国を守ることを提案したが相手にされず、サウジ政府は米軍の駐留を認めた。米軍はアラブ諸国軍を含む多国籍軍を形成し、91年の湾岸戦争でクウェートを解放するが、サウジへの駐留は戦後も続いた。ビンラディンはメッカ、メディナというイスラムの聖地を抱えるサウジに駐留する米軍を「占領軍」と考え、反米ジハードを開始。96年には「聖都の地を占領するアメリカに対するジハード宣言」を出した。98年2月には、エジプトのジハード団指導者アイマン・ザワヒリ（現アルカイダ指導者）、エジプトの「イスラム集団」指導者リファイ・タハ、パキスタン・ウラマ協会指導者ミール・ハムザ、バングラデシュのジハード運動指導者ファズル・ラフマンとの連名で、「ユダヤと十字軍に対するジハードのための世界イスラム戦線」の結成を宣言する声明を出し、その中で「米国人とその同盟者を、民間人も軍人も殺せという裁定はいかなる国であれ、それが可能な、すべてのイスラム教徒にとっての個人としての義務である」と述べた。

その半年後の8月、アルカイダはケニアのナイロビおよびタンザニアのダルエスサラームで米大使館の同時爆破テロを行ない、さらに2001年の9・11米同時多発テロへと進む。

「近い敵」から「遠い敵」への転換

アルカイダの「グローバル・ジハード」については、ザワヒリがイデオローグだった。ザワヒリはジハード団のメンバーとして、エジプトのサダト大統領暗殺（1981年）に関わったとして逮捕され、武器所持で3年服役した後、サウジアラビア経由でアフガニスタンに行き、外科医として働く中でビンラディンと出会った。ザワヒリがアルカイダのグローバル・ジハードのイデオローグといわれるのは、エジプトのジハード団が標榜《ひょうぼう》していた「近い敵＝

自国政府」に対するジハードを後回しにして、「遠い敵＝米国、イスラエル」へのジハードを優先するというジハード思想の転換を行ない、それが「ユダヤと十字軍に対するジハードのための世界イスラム戦線」の結成につながったとされるためである。

イスラムのジハードは、伝統的な文脈では、中世にキリスト教世界が送り出した十字軍に対する防衛戦争のように、「ウンマ」と呼ばれるイスラム共同体を異教徒の侵略から守る「防衛的なジハード」である。欧米列強によるイスラム世界の植民地化も、さらにユダヤ人によるイスラエル建国も、同様に現代の十字軍としてとらえられている。

それに対して、エジプトでは１９６０年代、70年代のナセル時代に、イスラムに反した政権を「イスラムの敵」とする革命的ジハード理論が生まれた。ナセル政権下の１９６６年、国家転覆罪によって処刑されたイスラム組織「ムスリム同胞団」の思想家サイイド・クトゥブは、その著書『道標』の中で、現代の社会がイスラムから離れ、政治でも経済でも文化でもイスラムに反する要素が広がっていると指摘し、イスラム以前について呼ばれる「ジャーヒリーヤ」の状態が現代に出現し、蔓延《まんえん》しているととらえる。その上で、伝統的に「防衛」の意味で使われるジハードを、現代の「ジャーヒリーヤ」と戦ってイスラムを回復する意味で行使すべきだと提唱する。この考え方が、ジハード団やイスラム集団などが自国の政権を「イスラムの敵」

とするジハード理論のもととなり、イスラム法による支配から離れた為政者や国家を「反イスラム」と断罪し、武力で打倒するという革命的ジハード論につながった。

それに対して、ビンラディンの反米ジハードは異教徒の侵略に対するジハードであり、伝統的なジハード論の延長線上にある。ビンラディンと協力するザワヒリの〈「近い敵」から「遠い敵」への転換〉は、「近い敵＝政府」に対するジハードを棚上げするもので、革命的なジハードから離れる意味を持つ。

ザワヒリとは古くからの友人で、ジハード団やイスラム集団の裁判の弁護を担当してきた弁護士ムンタシル・ザイヤートは、ザワヒリがアルカイダに合流する経過を『アルカイダへの道ビンラディンの右腕の男の話』として2002年に出版した。その中でザイヤートは、ザワヒリがジハードの対象を「近い敵」から「遠い敵」に転換した理由について、①エジプト政府の弾圧によって指導部や活動家の多くが殺害または逮捕され、組織が大きな打撃を受けた、②組織の資金が底を突いたためビンラディンの活動に協力せざるを得なくなった、という二つを挙げた。

同書によると、エジプトで1990年代初めに観光客襲撃などの活動を活発化させたイスラム集団が、96年に政権に対する武装闘争の一時停止を宣言したことをザワヒリは厳しく批判したという。ところが、97年にはザワヒリ自身が「反米ジハード」を強調し始め、98年には「世界イスラム戦線」に参加。〈「近い敵」から「遠い敵」への転換〉が、あたかも重大な思想的転換のように意味付けされた。

ザイヤートの主張に従えば、ザワヒリの転換は、単にエジプト国内での反体制闘争が政権に抑えこまれ、ジリ貧になったためということになる。

「対米ジハード」から「グローバル・ジハード」へ

一方、ビンラディンのジハードの対象はあくまで米国であり、サウド王家に対してジハードを仕掛けたわけではない。実際、１９９６年にオーストラリアのイスラム誌「ニダウ・イスラム」のインタビューで「ムスリムの蜂起に対して、サウジの現政権にはどんな選択肢があるか」と質問された際、ビンラディンは「サウジ政権は（投獄している）イスラム法学者を釈放し、社会のすべての勢力と和解し、イスラム法に立ち返って、イスラム法学者との協議を実施して、根本的な改革を実施することだ」と語り、サウド王家との和解を求める姿勢を示している。

「グローバル・ジハード」といっても実際には「対米ジハード」だったアルカイダが、米国以外に対する敵対を具体的に表明するのは、９・11への対応としてブッシュ政権が「グローバルな対テロ戦争」を呼びかけ、イラク戦争へと踏みこんだ後である。２００３年10月に公表された音声メッセージの中で、米国を支援する国として「英国、スペイン、オーストラリア、ポーランド、イタリア、さらにクウェートなどの湾岸諸国」と並んで、「日本」の名前も出た。そこには、イラク戦争を支持しなかったフランス、ドイツ、カナダの名前はない。

その後、現実に、アルカイダが関与していると見られるテロがスペインと英国で起こった。２００４年３月のマドリード列車爆破テロ（１９１人死亡）と、05年７月のロンドン地下鉄・バス同時爆破テロ（56人死亡）である。

前後するが、イラク戦争直後の２００３年には、次のように大規模なテロが続いた。

▽５月12日　サウジアラビア・リヤドの外国人住宅３ヶ所で同時爆弾テロ（39人死亡）
▽５月16日　モロッコ・カサブランカで12人の自爆犯が関わる大規模テロ（33人死亡）
▽８月５日　インドネシア・ジャカルタのホテル外で車爆弾による自爆テロ（12人死亡）
▽11月15日と20日　トルコ・イスタンブールで４台のトラックに積んだ爆弾テロ（57人死亡）

このころ、イスラム過激派研究で有名なエジプトのアハラム戦略研究所のディーア・ラシュワン研究員は「9・11後のアフガン戦争によって、アルカイダ指導部にはもはやテロを指揮する力はないはずだ。その後に起こったテロは『同時多発』というアルカイダの手法を模倣しているにすぎない」という見方を示した。アルカイダはテロの〝登録商標〟になった、という言い方さえ流布した。イラク戦争後に世界各地で大規模なテロが続いたことから、「グローバル・ジハード」の嵐が吹き荒れるのか？と国際社会では警戒感が強まった。

しかし、アルカイダによるテロは、その後、下火になった。ビンラディンやザワヒリはアフガニスタンとパキスタンの国境地帯に潜伏していると見られたが、指導部の求心力は明らかに弱まり、「アラビア半島のアルカイダ」「イラク・アルカイダ」「マグリブ諸国のアルカイダ」など、各地で分裂していく。

ザルカウィとビンラディンの食い違い

現在の「イスラム国」につながるのが、「イラク・アルカイダ」である。

イラク戦争の後、ヨルダンのザルカ出身のアブ・ムサアブ・ザルカウィが率いるジハード組織「タウヒード・ワ・ジハード」がイラク国内で活動を活発化させ、2004年にアルカイダに忠誠を誓い、組織名を「イラク・アルカイダ」に変更した。ザルカウィの本名は、アフマド・ファディール・ネザール・アル＝ハライレで、１９６６年生まれ。アラブ人の名前は、本人の名前、父親の名前、祖父の名前と続いて、４番目に家族名がくるのが正式である。アブ・ムサアブはあだ名、または活動家としての通り名だ。

２００５年に出版された、ヨルダン人ジャーナリストのフォワード・フセインによる評伝『ザルカウィ　アルカイダの第2世代』によると、ザルカウィはイスラエル占領下にあるエルサレム地区に住むバニ・ハッサン部族であることから、パレスチナを解放することにこだわりをもち、若者たちが集まったザルカのモスクで「ジハード」に傾斜していったという。１９８０年代後半は、ヨルダンの若者たちの間にアフガニスタンにジハードに行くことを望む者が多く、そのような空気の中でザルカウィもアフガニスタンに向かったという。アフガン・アラブのキャンプで武闘訓練を受け、ソ連軍撤退後のアフガン内戦に参加した。93年にヨルダンに戻り、「タウヒード団」という、ヨルダン政府打倒とパレスチナ解放を目的とするイスラム組織をつくったが、94年に政治警察に逮捕され、懲役5年を言い渡された。99年に恩赦で釈放され、その後、アフガニスタンに戻り、ビンラディンと出会った。

この評伝は、実際にザルカウィを知り、アルカイダの幹部とも接触したジャーナリストによるもので、ザルカウィについて書かれた最も優れた本として欧米でも評価されているが、アルカイダの（ビンラディンとザワヒリに次ぐ）ナンバー3の幹部の証言として、ザルカウィはカンダハルでビンラディンと会ったが、二人の間に意見の相違があったことを伝えている。

同書には、ザルカウィは「アルカイダのやり方は敵を攻撃する時の非情さが足りない。攻撃は血なまぐさく、容赦なく遂行すべきだ」と語った、というくだりがある。ザルカウィは、アフガニスタンでのアルカイダの戦い方を生ぬるく感じていたということだろう。

ザルカウィの標的は、欧米ではなく「近い敵」だった

ザルカウィはアルカイダには参加しなかったが、タリバンとアルカイダの資金援助を受けて、独自の訓練キャンプをつくったという。

イタリア人ジャーナリスト、ロレッタ・ナポリオーニの著書『イスラム国　テロリストが国家をつくる時』には、「2000年にアル・ザルカウィはアフガニスタンのカンダハールで、オサマ・ビン・ラディンと邂逅《かいこう》する。このとき若きジハード戦士アル・ザルカウィは大胆にも、アルカイダの一員にならないかというビン・ラディンからの誘いを断った。アル・ザルカウィには、アメリカと戦う気はなかった。彼が標的と考えていたのは、そのように遠い敵ではなく、

もっと近い敵——ヨルダン政府だったからだ。ヨルダン政府を倒して、そこに真のイスラム国家を建設したかったのである」と記されている。

ザルカウィが、実際に9・11について異議を唱えたという証拠はみつからなかったが、私は全く同じ言葉を、アフガニスタンで活動するアラブ人活動家だったリビア人から聞いたことがある。

その人物は、リビア内戦でカダフィ政権が倒れた後、首都トリポリの国家警備隊司令官となった。1980年代から反体制武装闘争をしてきた「リビア・イスラム戦闘集団」の幹部で、88年に政府の弾圧を逃れて、アフガニスタンに渡った。彼は「私たちはカダフィ政権の打倒をめざしたが、政権に追われてアフガンに逃げただけだ。アルカイダのように、欧米に戦争を仕掛けることは否定する」と語った。

「イスラムの敵」と戦うことを実践するジハーディスト（聖戦主義者）でも、腐敗したアラブの政権という「近い敵」を倒すことを第一と考える活動家は少なくない。「近い敵＝アラブの政権」とのジハードを棚上げして、米国や欧州を相手にジハードを行なうことに反対する「革命的ジハーディスト」の声があり、ザルカウィもその一人だったのだろう。もちろん、9・11を批判したからといって、反米の度合いが少ないわけではない。ザルカウィが、アフガニスタンでのアルカイダの戦い方が生ぬるいと批判したように、「ジハードの戦場」をどこに求めるかという考え方の違いということになるだろう。

「テロは宗教的義務」という理屈はどう構築されたか

ザルカウィはイラク戦争が始まる前に、戦争が始まることを見越して、トルコ経由でイラクに入ることを計画していたという。そしてイラク戦争でサダム・フセイン政権が倒れると、イラク国内で「タウヒード・ワ・ジハード」の活動を活発化させた。

２００３年８月に国連現地本部を狙った爆弾テロがあり、デメロ特別代表を含むスタッフ20人あまりが死亡した。さらに、その10日後にはイラク中部にあるシーア派の聖地ナジャフのモスクで自動車に積まれた爆弾が爆発し、シーア派主要政党イスラム革命最高評議会の最高指導者を含む１００人近くが死亡した。ともに「タウヒード・ワ・ジハード」のテロとされた。

同組織は２００４年10月、ザルカウィがビンラディンに忠誠を誓うという形で「二つの大河の地（ビラード・ラーフィデン）のアルカイダ」となった。「二つの大河の地」とはチグリス川、ユーフラテス川という大河が流れる地、つまりイラクのことであり、一般には「イラク・アルカイダ」と呼ばれている。「タウヒード・ワ・ジハード」と「イラク・アルカイダ」は、日本人のバックパッカー香田証生さんを含む外国人を相次いで処刑した。インターネットに首を切る動画をアップするという残酷さを強調する手法であり、現在の「イスラム国」は、その手法に高度な映像技術や映画的技法を上書きして受け継いでいる。

当時、私は新聞社の中東特派員をしていて、「タウヒード・ワ・ジハード」や「イラク・アルカイダ」の新しいビデオや声明が出れば、インターネットでいち早く探すことも仕事の一つとなった。しかし、なぜこれほど残酷なのかという素朴な疑問とともに、なぜ残酷な画像をあえて公開するのか、という疑問を抱いた。残酷な場面を編集した動画に「我々はイルハービユーン（テロリスト）だ」と歌うような言葉が背景で流れているものもあった。

自分たちを「テロリスト」と呼ぶのはいかにも偽悪的であるが、そのころインターネット上で公開された、アルカイダの幹部で戦略家でもあるアブ・ムサアブ・スーリーによる『イスラムのグローバルな抵抗への呼びかけ』という文書の中に、「テロは宗教的な義務」とする項目があった。そこでは、『コーラン』の「戦利品章」にある「かれらに対して、あなたの出来る限りの（武）力と、多くの繋《つな》いだ馬を備えなさい。それによってアッラーの敵、あなたがたの敵に恐怖を与えなさい」という一文を引用していた。

この文書はアルカイダの教本の一つとされるが、ここで「テロリズム」と訳しているのは、

『コーラン』の中で「敵に恐怖を与えなさい」という部分である。

アラビア語では、テロリズムは「イルハーブ」だ。これは「恐れさせる」「恐怖を与える」を意味する動詞「アルハバ」から派生した名詞であり、英語動詞「テロライズ（terrorize）＝恐れさせる」から名詞「テロリズム（terrorism）」が派生するのに符合する。『コーラン』の「神の敵に恐怖を与えなさい」が、アルカイダのジハード指南書の中で「テロは宗教的義務」とテロを肯定する理屈になっている。その考え方によると、「イラク・アルカイダ」や「イスラム国」が、敵を処刑するだけでなく、その残酷な場面をネット上で公開することは「神の敵を恐れさせる」という宗教的意味を持つことになる。

宗派抗争を仕掛け、アルカイダと別路線へ

そのころのザルカウィは、イラク国内で米軍を攻撃するよりも、むしろ、イラク戦争後に選挙で政権をとったシーア派を攻撃する方を重視していた。

スンニ派地域で、実際に米軍の車列に待ち伏せ攻撃をかけたり、米軍武装ヘリを撃墜したりして軍事的に米軍に大きな打撃を与えたのは、ザルカウィが率いた「イラク・アルカイダ」ではなく、旧イラク軍や共和国防衛隊の主力を担ったスンニ派部族勢力だった。

この後、ブッシュ大統領は2007年に米軍を増派し、さらにスンニ派部族に金と武器を与えて「覚醒委員会」をつくらせ、「イラク・イスラム国」を攻撃して抑えこんだと評価されている。しかし、それは事実とはいえない。

イラクでの米軍の戦死者は、2003年486人、04年849人、05年846人、06年823人、07年904人と増加し続けた。それが07年夏以降、米軍がスンニ派部族を取りこみ、町や村の治安維持をゆだねて、自分たちは住居地帯から出たことで、米軍の死者は08年には314人と前年の3分の1となり、09年には149人と激減した。当時、「イラク・イスラム国」から作戦能力を奪うほどの大規模掃討作戦が続いたわけではない。実際は、米軍に最大の損害を与えていたスンニ派部族勢力を取りこんだために犠牲が激減したと考えれば納得がいく。

ザルカウィが率いる「イラク・アルカイダ」は米軍を攻撃するよりも、彼らが「ラーフィドゥーン（信仰拒否主義者）」と呼ぶシーア派を敵視し、シーア派地域での自爆テロに力を入れていた。「ラーフィドゥーン」という呼び方も、シーア派敵視の姿勢も、現在の「イスラム国」に引き継がれている。

アルカイダ本体は、ザルカウィの「シーア派敵視」には批判的だった。2006年2月に始まった宗派抗争も、その原因はバグダッドの北にあるサーマッラのシーア派霊廟爆破であり、それは「イラク・アルカイダ」が宗派抗争の激化を狙って仕掛けたもの、という見方が強かった。宗派抗争は06年から07年にかけて過熱し、スンニ派とシーア派が混住するバグダッドでは、毎日のように１００人以上の惨殺死体が発見されるという悲惨なものだった。シーア派政権を構成するいくつかの政治組織に所属するシーア派民兵の残虐行為が欧米の人権団体でもとりあげられ、中でも、電気ドリルで拷問された跡が残る遺体が多く存在し、スンニ派住民を震えあがらせた。シーア派民兵指導者の中には「シーア派のザルカウィ」の異名をとる者も現れた。「イスラム国」が残虐であることは論を俟《ま》たないが、だからといって、「イスラム国」が敵視するシーア派武装組織が穏健ともいえない。「イラク・アルカイダ」の自爆テロに対する報復としてのシーア派民兵の残虐行為という図式である。

スンニ派・シーア派の宗派抗争は「イラク・アルカイダ」によって引き起こされたものであるが、その後、ザルカウィの殺害を経て、組織は「イラク・イスラム国」に改名した。シーア派の攻撃からのスンニ派民衆の防衛を担う存在であるかのように、「国」を名乗ったのである。

こうして振り返りながら気付くことは、「タウヒード・ワ・ジハード」から「イラク・アルカイダ」、さらに「イラク・イスラム国」へと進んだ「イスラム国」は、「イラク・アルカイダ」の時期にアルカイダの傘下に入るものの、アルカイダのグローバル・ジハードの一角を担ったわけではなく、本家アルカイダとは一線を画していたということである。２００６年の「イラク・イスラム国」への改名に際して、アルカイダ指導部に通告がなかったということを、後年、ザワヒリが明らかにしたという情報もある。

アルカイダの「カリフ国」樹立計画

ただし、「カリフ国家」の樹立は「イスラム国」だけが考えたことではない。アルカイダも「グローバル・ジハード」の過程でカリフ国樹立を計画していた。

先に紹介したヨルダン人ジャーナリストによる評伝『ザルカウィ　アルカイダの第2世代』の最終第6章には、「アルカイダ　どこからどこへ」という章タイトルで「アルカイダの２０年計画」が紹介されている。この章は12ページあり、ビンラディンやザワヒリは登場するが、ザルカウィの名前は一箇所も出てこない。つまり、ザルカウィの評伝は5章「ザルカウィどこからどこへ」までで終わっており、最終章はザルカウィとは全く関係ない。おそらく、ザルカウィの取材でアルカイダの幹部と接触していた著者が、アルカイダ関連の〝特ダネ〟を入手して、本の最後に収録したものであろう。出版された当時も、この章だけがドイツの週刊誌「シュピーゲル」にとりあげられるなど注目を浴びた。

計画は、「アルカイダのイデオローグたち」の見方として、2000年から20年までを7段階に区切っており、第5段階で「カリフ国の宣言」となっている。

第1段階の「目覚め」は、9・11米同時多発テロから2003年4月9日のバグダッド陥落までとする。「目覚め」と名付けたのは、イスラム世界は「19世紀初めから20世紀を通して、深い眠りの中にあり、敵（米欧）から支配されていることに逆らおうともしなかった」という認識に基づいている。9・11によってブッシュ大統領は「（イスラム世界に対して）十字軍戦争を宣言し、国際社会に対テロ戦争の同盟を呼びかけ、明白な戦争をしなければならなくなった」とし、アルカイダ指導部の認識として、「米国をあからさまな戦争に踏み出させ、アラブ世界を眠りから目覚めさせようという計画は成功した」としている。米国が中東への戦争を始めることによって、「限定的な能力しか持っていなかったアルカイダは、日々、幅広い人的、物的な能力を拡大することになる」と楽観的に見ている。

第2段階の「目を開く」は、03年4月から06年末まで。「敵の攻撃と、資源の略奪によってウンマ（イスラム共同体）は占領の厳しい現実を突きつけられる。為政者たちは保身のためにウンマの利害に反して、敵のために策略をめぐらし、もはやウンマに属していないことが明らかになる」とする。アルカイダのイデオローグは、米欧によるイスラム世界との戦争の激化によってイスラム世界の無力が明らかになり、「イスラム世界の志ある若者たちは、このジレンマから脱するために、アルカイダに参入しようとし、アルカイダは『組織』から『潮流』となって拡大する」とする。

同書が05年に出版された時点で「過去」になっているのは第2段階の半ばまでで、「9・11からイラク戦争、米軍のイラク占領開始」という現実を踏まえ、アルカイダ幹部がかなり楽観的な〝画に描いた餅〟を語っていることになる。

第3段階「起床と起立」（07年～10年）では、米・欧・ユダヤ連合軍がシリアを攻撃する。アルカイダはジハードの重点をシリアに移し、さらにトルコやイスラエルも攻撃し、パレスチナの内部と周辺でイスラエルとの直接の戦闘を始めるとする。そのことによって「アルカイダには若者たちが大挙して参加し、大きな追い風となる」と予想している。

第4段階（10年～13年）は「活力を回復し、変革の力を持つ」。この段階は「イスラム世界の体制は存在意義を失い、弱体化する。アルカイダは体制打倒に専念し、直接的で強力な攻勢に出る」としている。

アルカイダの「計画」はリアリティを欠いた夢想に終わる

ここまでを見ると、アルカイダ指導部は、9・11を引き金として米国がイスラム世界との戦争に踏みこんだことで、アラブの民衆は米欧と戦うアルカイダのもとに参集し、アラブ各国の体制は崩壊に向かう――と夢想していたことがわかる。

この計画は、イラク戦争でイラクを占領した米国が、シリアにも攻めこむという想定に立っている。2004年までの米国の勢いを見る限り、シリアが「次の標的」となることは想定されていた。しかし、現実にはそうならず、イスラム世界の若者がアルカイダに大挙して参入し、イスラム世界の体制を打倒する動きにはならなかった。

9・11によって、ビンラディンが、アラブの若者たちの間で有名映画スターのような憧れの存在になったことは疑いない。しかし、ニューヨークの世界貿易センタービルのツインタワーに航空機が突っこみ、ビルが崩れ落ちる映像は、コンピューターグラフィックを駆使したハリウッド映画のような大きな衝撃を与えたが、それはあくまで「遠い世界」の映像であって、アラブ世界にいる若者たちの日常の中ではリアリティを持ちえなかったということだろう。

現実のアルカイダは、米軍によるアフガニスタン戦争によって拠点としていたカンダハルやトラボラを追われ、組織としての求心力を決定的に失った。

「2020年計画」ではアルカイダが勢いを得ると想定している第4段階の真っ最中に当たる

2011年5月、米国は、ビンラディンをパキスタンの潜伏先で急襲して殺害したと発表した。しかし、ビンラディンはすでに「過去の人」だった。ちょうどそのころ中東では「アラブの春」の革命の嵐が吹き荒れ、チュニジアとエジプトで若者たちがデモを起こした結果、独裁国家が崩壊し、リビアではデモから内戦化してカダフィ体制が崩壊した。「2020年計画」が第4段階で想定した「アラブ諸国政府の崩壊」は、アルカイダのグローバル・ジハードによってではなく、イスラムとは関係のない若者たちの反乱によってもたらされたのである。

ところが、「2020年計画」は、2014年の「イスラム国」樹立によって、再度注目を浴びることになった。第5段階（13年〜16年）の「カリフ国の宣言」が、まさに、「イスラム国」樹立を予見したようになったからである。

「2020年計画」の第5段階では、「アラブ世界に対する米欧の支配は弱くなり、イスラエルも強力な攻撃はできなくなり、国際社会の力関係は変化する」と想定する。米欧の弱体化によって、アルカイダはイスラム世界を再建するために「カリフ制国家」を宣言、とする。

ただし、同書に書かれているのは、9・11を起こしたアルカイダが勢いを得てカリフ国家を宣言するという計画であって、アルカイダから分かれて「イラク・イスラム国」を宣言した組織が「イスラム国」を樹立するという話ではない。日本のテレビ報道で、「イスラム国」という言葉だけに目をつけてこの「2020年計画」を紹介し、「9・11のころからカリフ国宣言は計画されていた」などと解説しているのを見たが、大きな誤解か、都合のよいこじつけであろう。

ちなみに、「2020年計画」は、第6段階「全面的対決」（16年〜）、第7段階「最終的勝利」（20年）と続き、「アルカイダはこれまでイスラム運動が得たことのない信頼と現実を享受し、世界はイスラム・パワーの前に恐れ、パニックとなる」としているが、これも、現実に私たちの前に現れた「イスラム国」のことではない。

部族とつながり、根を張る「イスラム国」

ザルカウィが始めた「タウヒード・ワ・ジハード」が「イスラム国」になるのは、アルカイダが仕掛けたグローバル・ジハードが成功したためではなく、むしろ、イラクでシーア派政権と対立しながら組織を守り、イラク以外でのテロをしなかったためである。

私は、9・11から10年後の2011年春にイラク取材をしたことがある。その時インタビューした国防省対テロ担当の幹部から、「イラク・イスラム国」について「イラク北部のモスル周辺で勢力を張り、独自に検問をして住民や通行車両から通行税をとるなど独自の財源を持っている。イラク軍の対テロ部隊も掃討に入ることはできない」と聞いて驚いた。

イラクは部族社会である。都市にはさまざまな部族出身者が混在しているが、都市を出ると特定の部族が支配する地域となる。「イラク・イスラム国」であれ、部族の了解なく勝手に検問をつくることはできない。軍幹部の話は、「イラク・イスラム国」が部族とつながって地域を支配していることを示すもので、かなりしっかりした足場を持っていると感じた。だからこそ、シリア内戦が始まってアサド政権の支配が弱まったところでシリア側に入っていくことができ、その後、イラクのモスルを攻略して「イスラム国」を宣言するという展開につながったのだ。シリアに影響力を伸ばすのも、内戦に乗じて「近い敵」に対抗する革命的ジハード論の実践ということになる。

「イスラム国」報道官のアルカイダ批判

アルカイダと「イスラム国」のジハード論の違いを象徴的に表すのが、カリフ国を宣言する前の2014年5月、「イスラム国」報道官のアドナニが広報部門フルカーンを通じて出した、アルカイダ指導者ザワヒリ宛ての公開書簡である。

「イラク・イスラム国」はシリア内戦が始まると、幹部のアブ・ムハンマド・ゴラーニをシリアに送り、アルカイダ組織の「ヌスラ戦線」を創設させた。その後、「イラク・イスラム国」がシリア内戦に参戦し、「イラク・シリア・イスラム国（ISIS）」と改名。ISISはゴラーニに合同するよう求めたが、ゴラーニは合同を拒否し、アルカイダのザワヒリに訴えた。ザワヒリは、シリアでアルカイダとして活動するのは「ヌスラ戦線」のみと裁定した。それに対して、アドナニのザワヒリ宛ての公開書簡では、ザワヒリが率いるアルカイダにはそのような裁定をする権限はない、と反論した。アドナニは「我々はアルカイダの支部ではないし、そのようなことはこれまでも一日たりともなかった」と言い切っている。その一つの例として、ザワヒリが繰り返し、「イラク・アルカイダ」や「イラク・イスラム国」によるシーア派への攻撃を批判したが従わなかったことを挙げた。

この書簡で特筆すべきは、アドナニがザワヒリに向けて「あなたたちの方法論（マンハジ）を正すよう求める」「多神教的で汚らわしい信仰拒否主義者（シーア派の意）を公に断罪し、エジプトやパキスタン、アフガニスタン、チュニジア、リビア、イエメンやその他の地域で、圧政者の軍隊と、その支持者について、イスラムに反していると背教宣言を行なうよう、私たちはあなたに求める。それらを『親米』などと呼ぶのではなく、圧政者、不信仰者、背教者と呼ぶように。あなたが言うように『腐敗した統治』『無効の憲法』『親米の軍隊』などと呼んで対応することは止《や》めるように」と書いていることだ。これは、ザワヒリが1998年にビンラディンと協力して「ユダヤと十字軍に対するジハードのための世界イスラム戦線」をつくった際、「近い敵＝アラブの政権」へのジハードを放棄したことへのあからさまな批判である。

繰り返すが、「イラク・アルカイダ」が勢力を維持し、「イスラム国」までたどりついたのは、「遠い敵＝米国」を対象とするアルカイダのグローバル・ジハードの流れに乗らず、ひたすら、イラク国内での「近い敵」であるシーア派主導政権と対抗して、スンニ派地域でローカル・ジハードの足場を固めてきたためである。

本書第2章で書いたように、ザルカウィが「イラク・アルカイダ」としてイラク国外で行なった唯一のテロは、2005年11月のアンマンでの連続爆破テロだった。この時に自爆未遂でヨルダン当局に拘束され、死刑判決を受けたイラク人の女性リシャーウィが、2015年1月に「イスラム国」に拘束されたジャーナリスト後藤健二さんとの捕虜交換の対象とされた。10年の年月を超えて、「イラク・アルカイダ」と「イスラム国」をつなぐ線が突然、表に出てきたという印象だった。このテロは、ザルカウィがヨルダン人であることから、アルカイダが放棄した、「近い敵＝アラブの政権」に対する革命的ジハード論を実践しようとしたものであり、アルカイダと「イスラム国」の流れが異なることを示しているのである。

個人と小集団によるテロの提唱

「イスラム国」の出現は、アルカイダでは潰《つい》えた「カリフ国」構想をよみがえらせる意味を持った。さらに「カリフ国」構想だけではなく、アルカイダが唱えた「グローバル・ジハード」もよみがえってきた。

先に紹介した、アルカイダの戦略家アブ・ムサアブ・スーリーによる『イスラムのグローバルな抵抗への呼びかけ』は、アラビア語で１６０４ページという大著で、アルカイダの「グローバル・ジハード教本」である。２００４年にネット上で公開されたものの、アルカイダ指導部の影響力の低下とともに、実践書としての意味は忘れられていた。ところが、「イスラム国」によるグローバル・ジハードの呼びかけと、それに応えるように欧米でテロが続いたことで、あらためて、同書の存在に注目が集まった。

同書は、ジハードの形を、①反政府秘密組織方式、②開かれた戦線方式、③個人・小集団テロ方式の三つに分類し、それぞれ次のように評価している。

①「反政府秘密組織方式」については、政府転覆を狙う秘密組織で、ピラミッド型の指揮系統を持つが、世界的に政府の厳しい摘発によって多くは解体に追いこまれた、と否定的に評価

している。

②「開かれた戦線方式」は、アフガニスタンやボスニア、チェチェンなどで、ジハード組織が拠点とする地域を持ち、そこからゲリラ的に周辺地域に攻撃を仕掛ける方式。1990年代にタリバンが支配したアフガニスタンやボスニア内戦では軍事的にある程度の成功をおさめたが、9・11後の米軍によるアフガニスタン戦争でジハード戦士は拠点を失い、多くの犠牲を出し、その後は「開かれた戦線」を持つ条件ができていない、とする。「開かれた戦線」とは、スーリーの説明を読む限りは、解放区を持って戦いをする「解放戦線」と同じようなものであるが、解放戦線には社会主義的なニュアンスがあるので言い方を変えたのだろう。

③「個人・小集団テロ方式」は、組織的な連携のない個人や、数人の仲間でつくる小集団がテロを行なう方式。軍事的には敵に恐怖心を与えることができ、国ごと、または国際的な公安警察の組織的な摘発を受ける心配はない、と肯定的に評価する。

著者のスーリーは三つのジハード戦略を比較した上で、「米国とその同盟国に対する抵抗の基本的な軸は、個人によるか、互いに組織的なつながりがない小集団による軽度のゲリラ戦と民間人のテロの枠で設定されなければならない」と結論付けている。

同書の特徴は、組織的な背景を持たず、ジハード意識だけで「イスラムの敵」に対してテロを仕掛ける「個人・小集団テロ」に過大ともいえる重要性を置いていることだ。「個人・小集団テロ」という表現は同書でそのまま使われているものであり、先に触れたように、著者は『コーラン』にある「アッラーの敵、あなたがたの敵に恐怖を与えなさい」という言葉から「テロリズム」を肯定的に使っている。また「個人・小集団テロ」については「ジハードのために戦いたいと切望する者を阻む現在の非常に厳しい治安状況の下では、唯一、（ジハードの）生き残りの方法である」としている。ここには、1990年代にアラブ諸国でイスラム系の反政府秘密組織が弾圧され、抑えこまれ、さらには9・11後に米軍によってアルカイダがアフガニスタンの拠点を追われた経験を経て、組織的闘争の展望が開けない厳しい状況が反映されている。そのため、苦し紛れに「個人・小集団テロ」を「グローバルなイスラム抵抗運動」として打ち出しているように思えなくもない。

同書では「個人によるテロがイスラム世界で広がり〝現象〟とならねばならない」としている。しかし、9・11後はアルカイダ自体が次第に求心力を失い、存在感を低下させたことから、この呼びかけに応える形での「個人・小集団テロ」は広がらなかった。スーリーは「個人・小集団テロ」を提唱しつつも、「（米軍との）力の不均衡状態がいくらか変わって、『開かれた戦線』を持つ条件が生まれれば、土地を解放し、それを中心地とし、イスラム法が実施される核とイスラム勢力の政治的拠点をつくるという目標をいつ何時も追求しなければならない」とし、あくまで「開かれた戦線」をつくることを目標としている。しかし、同時に、近い将来に「開かれた戦線」をつくる状況にはない、と悲観的な見方を吐露している。

アルカイダでは現実とならなかったものが、「イスラム国」では現実となった

ところが、この文書公開から10年を経て「イスラム国」が出現し、アドナニによる呼びかけの後、欧米でテロが続いたことは、スーリーが「グローバル・ジハード」として提唱した「個人・小集団テロ」戦略が現実に移されているかのように見える。

しかし、スーリーの『イスラムのグローバルな抵抗への呼びかけ』は、あくまでイスラム法に基づいたゲリラ戦についての理論書である。一方、「イスラム国」が行なっているのは、欧米での無軌道な凶行に対して「カリフ国の兵士によるジハード」と闇雲にお墨付きを与えることであり、それは、イスラムが唱える価値やルールから乖離《かいり》している。

例えば、スーリーの著書では、欧米での「個人・小集団」による攻撃を呼びかけるが、「イスラムの抵抗運動の名声を維持するために、守らねばならない」として次のような注意が記さ

れている。

「米国やその西側の同盟国という敵国での標的を攻撃することに関連して、いかなる宗教や信仰でも礼拝の場への攻撃は、キリスト教であれ、ユダヤ教であれ、またはその他の宗教であっても、避けなければならない。さらに紛争とは関係ない国の市民を傷つけることは、たとえ、イスラム教徒でなくても、避けなければならない」

「イスラム国」が「カリフ国の戦士」によるジハードと追認したテロの中には、2016年7月下旬にフランスのキリスト教教会を2人の男が襲撃し、聖職者を殺害した事件が含まれていた。「イスラム国」の「ジハード認定」自体が、アルカイダの理論家であるスーリーがイスラム法に照らして立てた原則から逸脱しているのである。

外見だけなら、「イスラム国」のグローバル・ジハードはスーリーの理論を実現したように見えるが、実際には、欧米で起きている暴力に「イスラム国」の方が便乗しているという構図である。そのことは、「イスラム国」を軍事的に排除しても暴力は続く可能性を示唆している。

スーリーが「個人・小集団」によるジハードを前面に出したのは、米国によるアフガニスタン戦争でアルカイダがアフガニスタンでの「開かれた戦線」を失った結果、「個人・小集団テロ」戦略に望みをつなぐしかない、という暗い見通しに基づいている。しかし、アルカイダに呼応して「個人・小集団テロ」が〝現象〟となることはなかった。「個人・小集団」をジハードの世界に取りこむ条件ができていなかったということである。

しかし、私たちはいま、「イスラム国」に呼応する「個人・小集団テロ」という〝現象〟を目にしている。

アルカイダでは現実とならなかったものが、「イスラム国」で現実となったのはなぜか。それは「イスラム国」の力というよりも、シリア内戦によって「戦争」のリアリティが変わったということではないか、と私は考えている。

9・11の衝撃的な映像に対して、中東のイスラム教徒の中に拍手した者がいたことは確かだが、結局、テレビの向こうの世界であり、その映像を見ているイスラム教徒の日常の中では、リアリティを持ちえなかった。

それに対して「イスラム国」の「戦争」は、遠く離れた欧米のイスラム教徒の若者たちを行動に駆り立てるほどのリアリティを持っている。組織的なつながりもないのに、個人として「イスラム国」に参入しようとしたり、自分がいる欧米の国で「イスラム国」への空爆に報復をしようとしたりする。

アルカイダが持つことができなかったリアリティを、なぜ、「イスラム国」は持つことができたのか。次章以降で、それを解明していく。

第4章　「イスラム国」とアラブの春

「イスラム国」の影に脅えるバグダッド

２０１４年６月29日、「イラク・シリア・イスラム国（ＩＳＩＳ）」は「カリフ制」に基づく「イスラム国」の樹立を宣言し、ＩＳＩＳのアミール（司令官）であるアブ・バクル・バグダディがカリフに就任した。

私は、このニュースをバグダッドで聞いた。この日はラマダーンの初日で、イスラム教徒の宗教心が高まる時期にあわせて、カリフ制再興の声明を出したことは明らかだった。

ＩＳＩＳはその直前の６月９日から10日に、イラク北部の第二の都市モスルを陥落させた。さらに南のティクリートを制圧し、首都バグダッドから北東60キロにあるディアラ州に進出。いまにもバグダッドまで攻略しそうな勢いだった。当時、新聞の特派員としてカイロに駐在していた私は、モスル陥落のニュースを受けてイラクの取材ビザを取り、バグダッドに入ったのだった。

バグダッド市内は、戦争前夜のように緊張していた。人々は小麦や米などの買いだめに走り、一時は、2割から3割も値上がりした。また、市内のいたるところにイラク軍の装甲車や機関銃を積んだ車両が警戒に入っていた。

繁華街カラダ地区にある国籍証明所の入り口では、午前9時にはすでに300人ほどが並んでいた。イラクから出国するため、旅券取得に必要な国籍証明をとりにきた人々だ。

シーア派で高校3年生の若者は、自分と母、妹の3人分を申請にきたという。「イラク戦争後に父母と妹の家族4人でシリアに避難して9年間を過ごし、2011年に帰国したばかりだ」と言う彼は、モスル陥落のニュースを聞いて、すぐに旅券の再発行の手続きを始めた。「また戦争になる。シリアは内戦だから、今度はヨルダンに行くと父は言っている」。

一方、中心部のバブシャルジャ市場のミリタリー用品店が並ぶ一角は、若者たちで混みあっていた。防弾チョッキや靴、ヘルメット、自動小銃の部品、ナイフなどを買いにきたのだ。「モスル陥落の後、テロリストと戦うというシーア派の若者たちの顧客が増えた」と店員は語った。

凄惨なテロの現場

ＩＳＩＳはモスルを制圧した後、「バグダッドに進軍せよ」とする指令を戦闘員に出した。それに対して、シーア派の最高指導者シスターニ師が「武器を持って、国と聖地を守るジハードに参加せよ」と宣言し、若者たちを聖戦に駆り立てていた。

このような状況に、スンニ派のミニバス運転手イサム・シュクリ（47）は「町を走るのが恐ろしい。１週間前から営業していない。いたるところに検問があるが、軍の格好をしていても、シーア派民兵かもしれない。スンニ派だとわかれば、民兵から拉致されるかもしれない」と語った。人々の間には、米軍によるイラク戦争でサダム・フセイン政権が崩壊した後の２００６年に始まった、スンニ派とシーア派の宗派抗争の記憶が深い傷となって残っているのだ。

また、バグダッドのシーア派の不安をあおるように、市内でテロが続いていた。

シーア派の聖廟《せいびょう》があるカードミヤでは、6月26日、聖廟に向かう通りの一つデルワザ門で、スンニ派によると見られる自爆テロがあった。爆弾を身体に巻き付けた男が、夕方の買い物をする人々が集まっていた商店街の入り口で自爆したのだ。警察筋によると、周りにいた市民19人が死亡、41人が負傷した。

私は、翌27日に現場を訪れた。この日は金曜日で、カードミヤの聖廟は、普段なら金曜礼拝に集まる信者で身動きもとれないような混雑ぶりとなる。だが、礼拝者はいたものの、いつもの混雑はなく、聖廟に向かう中央の通りに人通りはまばらだった。モスル陥落後の「戦争」への恐れと、前日の自爆テロが影響していることは疑いない。自爆現場わきのレストランのドアは吹き飛び、看板が曲がっていた。壁には飛び散った金属片でいたるところに穴があいていた。

現場を訪れた時、犠牲者の友人たちが名前を書いた黒い幕を掲げていた。犠牲になったのは、露天商フセイン・シャーミ（22）だ。幕のそばで声をあげて泣いていたムスタファ・ハイダル（15）は半年前からシャーミの下で働いていた。「一緒にここにきて、用事を言いつけられて離れた後で爆発音が起きた。駆け付けると女たちや子供たちが何十人も倒れていた。シャーミは面倒見がよくて、仕事を教えてくれたのに」と言葉を詰まらせた。

ムスリム同胞団への敵意が意味するもの

ＩＳＩＳの攻勢、バグダッドで続く自爆テロ、宗教者の呼びかけに応えて銃を持つシーア派の若者たち……。

宗派抗争は２００９年には下火になり、２０１１年末には米軍の撤退も完了した。しかし、新たな戦火を予想させるような光景に胸が重くなった。そのような取材の真っただ中で、「イスラム国」の樹立が宣言されたのである。

インターネットで、報道官アドナニの音声メッセージが流れた。「アレッポからディアラまで、タウヒードの旗が掲揚され、はためく」と「イスラム国」の範囲を示し、「ターグート（不信仰者、偶像崇拝者）の国境は取り除かれ、その兵士は殺されるか、拘束されるか、打ち負かされる。イスラム教徒は名誉を与えられ、不信仰者は辱められる。スンニ派は主人となり、尊敬される。異端者は侮辱される。神の刑罰が実施される。前線は防御され、十字架と墓は破壊され、服役者は剣によって解放される。国民は生計のため、旅のために、生命と財産を安全に守られて移動できる。知事と裁判官が任命され、異教徒には宗教税が課せられる……」。

タウヒードの旗とは「アッラーのほかに神はない。ムハンマドは神の使徒である」とアラビア語でイスラムの信仰告白の言葉が書かれた旗である。ジハード旗とも呼ばれ、アルカイダや「イスラム国」では黒字に白いアラビア語の文字が書かれる。また、宣言文の中に出てくる「ターグート」にはさまざまな意味があるが、もともとはアッラーではない邪神のことで、転じて邪神崇拝、偶像崇拝の意味になり、さらにはアッラーの法（イスラム法）以外の規定に従う為政者や、自身への個人崇拝を求める独裁者の意味にもなる。『コーラン』には「アッラーは信仰する者の守護者で、暗黒の深みから、かれらを光明の中に導かれる。信仰しない者は、邪神〔ターグート〕がその守護者で、かれらを光明から暗黒の深みに導く」（「雌牛章」）などとして出てくる。

ほかにも、宣言文では「世俗主義や民主主義、民族主義の社会は滅びよ」と欧米の考え方への敵意を表明し、それに続いて、「ムスリム同胞団も滅びよ」とあったのが目についた。

ムスリム同胞団は、「アラブの春」の後にエジプトやチュニジアでの民主的な選挙で勝利して政権をとった穏健派イスラム組織である。「イスラム国」の樹立が宣言されたのは、エジプトで2013年6月末から7月初めにかけて、ムスリム同胞団出身のムルシ大統領が軍のクーデターで排除されてからちょうど1年の時期でもあった。

エジプトのムスリム同胞団でも、チュニジアの同胞団系の「ナハダ運動」でも、指導者の間でさまざまに「カリフ制」の話題が出ていたことがニュースになった。「アラブの春」を契機にイスラム組織が政権をとり、政治を主導するようになれば、目標とするのは、イスラム法に基づく正統な統治である「カリフ制」の樹立である。ただし、エジプトのムスリム同胞団のように選挙で政権をとった穏健派イスラム組織が考える「カリフ制」移行は、国民の支持を得て民主的な手続きを踏んだ上でのことになる。しかしそれでも、軍や旧体制下の富裕層にとって全く受け入れられないことである。同時に、ジハードによって初期のイスラムに回帰しようとする「サラフィー・ジハーディ」である「イスラム国」にとっても、神の意思である「カリフ制」を、選挙という国民の意思で決めることなど全く受け入れられない。「イスラム国」がイラクのモスルを制圧し、スンニ派地域に支配地域を拡大したところで「カリフ制」樹立を宣言したことは、エジプトで同胞団政権が潰えた後を受けて、自分たちこそ正統だと示す意識があったのだろう。宣言に「ムスリム同胞団も滅びよ」と出てくるのは、そのような文脈でとらえるべきである。

「イスラム国」は、過剰な行動主義と、残忍な処刑場面や黒旗を掲げた車列の映像をインターネットで流すような派手な情報発信が際立っている。だが先述したように、残虐さは別として、行動主義と情報発信の手法は、「アラブの春」の特徴を踏襲している。「アラブの春」が終わって「イスラム国」が出てきたのではなく、「アラブの春」の流れの中で「イスラム国」が出てきたのである。

「アラブの春」前夜——民族主義の崩壊と政治的無風化

「アラブの春」とは、1952年のエジプトのナセル革命で始まる「アラブ民族主義」体制の崩壊だった。

アラブ民族主義自体は、67年の第3次中東戦争でアラブ諸国がイスラエルに大敗を喫し、エジプトはガザとシナイ半島、シリアはゴラン高原、ヨルダンは東エルサレムとヨルダン川西岸をイスラエルに占領された時に終わっている。ただし、「アラブ民族主義」を名乗った体制は、エジプトでもチュニジアでもシリアでもイラクでもリビアでも、その看板を降ろさないまま、強権独裁国家となって存続した。

しかし、イスラエルに対する決定的な敗北は、アラブ世界に深刻なアイデンティティの危機をもたらした。その中から「イスラム復興」の流れが出てくる。1970年代に大学生としてイスラム運動に入ったムスリム同胞団の活動家たちにインタビューすると、高校生または中学生で体験した第3次中東戦争の敗北と、それによってナセルという英雄像が崩れたことに衝撃を受け、そこからイスラム政治運動に入っていくという、共通する傾向があった。

ナセルの後継者となったサダトは、79年にイスラエルと平和条約を結んだ。アラブ民族主義が決定的に形骸化していたということである。サダトは81年にイスラム過激派の「ジハード団」に暗殺されるが、体制自体は後継のムバラクに受け継がれる。エジプト、シリア、リビア、チュニジア、イラクと、かつてのアラブ民族主義の政権はさらに独裁化して、公安警察が国民を抑える抑圧体制となった。

アラブ諸国の独裁体制にとっての反体制勢力は、イスラム政治運動であった。貧困救済など社会運動を基盤にイスラムの復興を進め、選挙に参加してイスラム国家の建設をめざす穏健派のムスリム同胞団系組織と、サダトを暗殺したジハード団のように武装闘争を行なうイスラム過激派組織に分かれる。

１９９０年代前半には、エジプトやアルジェリアで「アフガン帰り」のジハード戦士を中核とする激しい反政府武装闘争があったが、90年代後半には政府に抑えこまれてしまう。それが、本書第3章で書いたように、エジプトのジハード団を率いたザワヒリが「近い敵＝アラブの政権」から「遠い敵＝米国」へと標的を転換してアルカイダと合流し、グローバル・ジハードに向かう流れとなる。

一方、草の根的な社会運動で民衆に支持を広げるムスリム同胞団への弾圧も強まった。エジプトでは94年、95年と大規模弾圧を受け、幹部は軍事法廷に送られ、選挙でも抑えこまれてしまう。90年代後半のアラブ諸国は、過激派も穏健派も抑えこまれて、政治的には無風状態となった。その後、独裁権力は長期化によって世代交代を迎え、独裁者の息子たちが世襲する動きが始まる。シリアでは２０００年にアサド大統領が死亡し、息子のバッシャールが後継大統領となった。続いて、イラク、リビアでも大統領の息子が後継者の本命と見なされた。エジプトでは02年にムバラク大統領の次男ガマールが、与党国民民主党の政策担当書記に就任するなど世襲に向けて動き始めた。

「脱政治化」という流れ

2011年に「アラブの春」と呼ばれる現象が起きるまで、アラブ諸国の若者たちの間には「脱政治化」「政治離れ」が進み、深く、広く浸透していた。

政治離れには世俗化に傾く場合と、宗教化に傾く場合がある。イスラム政治組織の動向に詳しいアハラム戦略研究所（エジプト）のディーア・ラシュワンに、「アラブの春」以前にインタビューしたことがある。彼は、「いつもイスラム化ばかりが問題になるが、2人のアムルがいる」と語った。「2人のアムル」とは、アラブポップスのスターである歌手アムル・ディアブと、若者に人気のあるイスラム説教師アムル・ハーリドである。

アムル・ディアブは、西洋人のような肌の露出の多い服を着て、世俗化する若者を象徴する。一方のアムル・ハーリドは、巧みな話術と現代的なスタイルでイスラムの教えを説く人気の説教師で、カイロで富裕層が集まる「射撃クラブ」の金曜礼拝で人気が出た。ムスリム同胞団とは違って政治とは関係ない内容だったが、政府は人々への影響力を脅威と感じたのか、説教禁止を命じた。彼はほかのアラブ世界で説教をしても熱狂的な歓迎を受け、宗教系の衛星テレビに出演したりして、アラブ世界全域で人気がある。エジプトでは90年代後半から、宗教的ではあるが非政治的なチャリティ組織が増え、高校生や大学生のボランティアで賑《にぎ》わうという光景も生まれた。

さらに90年代後半のエジプトでは、サラフィー主義と呼ばれるイスラム厳格主義が若者に広がった。アルカイダやジハード団は戦闘的な「サラフィー・ジハーディ」であるが、新たに出てきたサラフィーは、非政治的である。政府は、穏健なイスラム政治組織のムスリム同胞団を弾圧することに忙しく、非政治的なサラフィーが広がるのを黙認した。

90年代後半といえばインターネットや携帯電話が急速に広がった時期であるが、それも秘密警察によって盗聴され、監視されていた。そういった警察国家のもとで、若者たちの間には、西洋的な文化、イスラム社会活動、厳格イスラムのサラフィーが、それぞれ広がった。そこにあるのは「脱政治化」という共通点だった。

「アラブの春」の社会的背景

「アラブの春」が、当初から「特定のイデオロギーもなく、特定の指導者もいない」といわれたのは、以上のような状況からして当然の帰結である。

ムバラクの辞任を求めて連日タハリール広場に集まっていた若者たちのかなりの割合が、大学生だった。学生たちはツイッターやフェイスブックが使える携帯電話を持ち、あちらこちらで写真や動画を発信し、まさに「解放区」が生まれていた。若者たちは「自由と公正」をスローガンとした。「自由」とは秘密警察に監視される社会からの解放であり、「公正」は、権力と結び付いた格差が広がる中で、コネがなければ就職もできないという社会に対する怒りが背景にあった。若者たちはノンポリではあったが政治に満足しているわけではなく、失業や格差の問題、自由の欠如や警察の横暴などについての不満や怒りは、日常的に持っていた。ただ、それが既存の政党や政治活動につながらなかっただけだった。

いったん若者たちが強権への「ノー」を叫んで街頭に出ると、怒りは爆発した。エジプト全土でデモ隊と治安部隊との大規模な衝突があった２０１１年1月28日、ムバラク大統領は警官の撤退を命じ、代わって軍の出動を命じた。この日、エジプト全土で１００ヶ所以上の警察署が焼き討ちされた。いかに警官への怒りが強かったかを示している。

「アラブの春」が起こった背景にはいくつかの要因があるが、特に重要なのは人口の中での若者の増加である。中東・北アフリカ地域の年齢中央値は22歳で、エジプトが24歳と、若年人口が国の人口の半分を占める。若者たちにとって失業問題は深刻だった。アラブ世界では15歳から24歳までの若年層の失業率は23％で、世界の平均よりも10ポイントほど高かった。最初にデモが起こったチュニジアの若者の失業率は42％だった。さらにアラブ世界で特徴的なのは、大卒など高等教育を受けた若者の失業率が軒並み50％を超えていることだ。背景には、アラブ世界での大学の一般化がある。例えば、エジプトのカイロ大学は25万人の学生を抱えるマンモス大学だ。１９７０年代、80年代に大学が急激に一般化し、学生数が増えて、雇用で吸収しきれなくなった。「アラブの春」でデモを主導した大学生たちは、就職し、住宅を取得して、結婚するという人生の一大事を前に、失業という最も厳しい試練にさらされていたことになる。

さらにアラブ世界は、父親や祖父の権威や発言権が圧倒的に強い社会である。若者はアラビア語で「シャバーブ」と呼ばれるが、20代、30代だけでなく、40代、50代になってもそう呼ばれ、家族でも社会でも年長者が決定権を持っている。このような伝統的社会構造にあって、自由もなく就職も困難となれば、携帯電話やインターネットという革命的な情報ツールを手にした若者たちが社会に不満を表明するのは、自然なことである。

「若者の反乱」といえば、大学制度改革を求めるパリ大学の学生デモから警官隊との衝突などへ混乱が広がった、１９６８年の５月革命を思い浮かべる。日本でも学園紛争、大学紛争が広がった時期だ。60年代後半の日本の年齢中央値は27歳から28歳だった。「アラブの春」の社会状況は、かつて日本が通った道でもある。「アラブの春」についても、さらにその後の中東の混乱を見る場合も、若者人口の増加によって、アラブ世界が「反乱」の時代を迎えたという認識が必要だろう。

共同体を維持するイスラムの力

「若者の反乱」で始まった革命が「イスラムの復興」につながる契機は、エジプトで大規模衝突があった日に、１００ヶ所以上の警察署が若者たちの焼き討ちを受け、警官が通りから姿を消した時から始まった。

警官は民衆に攻撃されるのを恐れて、ほとんど1年間は表に出ることができなかった。警察が姿を消したことで、治安は丸裸になった。警察は国民を監視する強権の手先であったが、反面、それによって治安も守られていた。通りから警察が姿を消したことで、人々は初めて事の重大さに気付いたのである。

警察が撤退した夜、私が住んでいたエジプト第二の都市アレクサンドリアでも、首都カイロでも、人々が通りごとに「民衆委員会」という自警団をつくって、24時間態勢で地区の警備を始めた。地区ごとに男たちがモスクに集まって、対応が話しあわれた。無警察状態の中で、人々は、秩序や治安を、イスラムの教えとイスラム社会の人間関係によって維持しようとした。その結果、カイロ郊外のショッピングモールが略奪の被害を受けた例はあったが、一般の商店などが襲われることはなかった。

そのような状況は、2003年4月、イラク戦争でバグダッドが陥落した後と通じるものがあった。サダム・フセイン体制は崩壊したが、米軍による占領体制もまだ始まらない中、当初はバース党事務所や政府施設への略奪が広まった。それが1週間、10日と経過するうちに、次第に治安が回復してきた。まさに無政府状態だったが、治安と秩序の回復を担ったのは、やはりイスラムの教えとイスラム社会の人間関係だった。国が滅びても、人々は毎日礼拝を行ない、金曜日の集団礼拝には多くの人々が集まった。イスラム宗教者は説教の中で略奪や盗みを諌《いさ》め、「略奪品を返却せよ」と求めた。その後、モスクのわきの倉庫には人々が持ってきた家具などの略奪品が山積みになった。「国破れて山河あり」という言葉があるが、「国破れてイスラムあり」ということだろう。危機にあって、共同体の秩序や治安を維持するイスラムの力である。

非政治的なイスラムが政治化する

アラブ世界にとってのイデオロギーであるアラブ民族主義は、とっくの昔に形骸化していた。欧州や日本における1960年代後半の「若者の反乱」を支えたのは社会主義・共産主義だったが、それは「アラブの春」の20年前に終わっている。

「自由と公正」を唱えてタハリール広場に集まった若者たちに「ムバラク体制を倒した後にどのような国をつくるのか」と聞いても、「社会的な公正を実現する」という以外に具体的な答えは得られなかった。ほとんど唯一出てくるのは「イスラムの実現」という答えで、それは多くの場合、ムスリム同胞団のメンバーだろうと察しがついたが、そうでない若者たちでも「イスラム」はキーワードだった。

「アラブの春」以前に若者たちの脱政治化が進んだ時も「イスラム化」が一つの選択肢であったことは前述したが、当時は政治的な自由がなかったため、「非政治的なイスラム」が若者たちの精神的な拠《よ》り所《どころ》だった。それが、「アラブの春」によって強権に縛られていた若者たちに自由が与えられ、政治化が急激に進んだ。つまり、「非政治的なイスラム」も政治化したのである。イスラムはもともと、社会の在り方や政治の在り方と深くコミットしている。強権体制崩壊後の混乱の中で年配者たちはイスラムに安全と秩序を担う役割を期待し、一方、〝旧秩序〟

を変革しようとする若者たちにとってもイスラムは新しい社会秩序を担う〝イデオロギー〟となった。

エジプトでは2011年11月から翌年1月にかけて革命後初の議会選挙があった。ムスリム同胞団がつくった自由公正党が47％の議席で第一党となり、イスラム厳格派のサラフィー主義政党であるヌール党が25％の議席で第二党となった。イスラム政党で議席の3分の2を占めたわけである。イスラム政党が第一党になるのは革命後のチュニジアでも同じで、同胞団の流れを汲む「ナハダ運動」が、同じく41％の議席を占めた。こうしたイスラム政党の躍進について、欧米や日本では、自由を求める若者たちが始めた革命をイスラム主義者が「盗んだ」――という見方が出た。しかし、イスラムの実現を掲げて秩序を回復しようとしたムスリム同胞団やサラフィー主義の政党が、社会秩序維持を望む人々の期待を担ったことも否定できない。

結局、「若者の反乱」は軍と旧勢力に利用されただけだった

エジプトのムスリム同胞団について、若干、説明しよう。

それは1928年にエジプトで結成された、イスラム社会運動である。貧困救済などの慈善活動、教育活動、医療・保健活動、企業活動など、イスラムの理念に基づく社会運動を展開し、

英国統治時代は反英闘争や反政府武装闘争を行ない、1948年の第1次中東戦争ではパレスチナ支援のための義勇軍を送って参戦した。52年に自由将校団による王制打倒クーデターが起こった後、ナセルが率いる軍政と対立を強め、徹底的に弾圧された。しかし、ナセルの死後、後継大統領サダトは、ナセル支持者に対抗するため、武装闘争の放棄を条件に刑務所で服役していた同胞団幹部やメンバーを釈放し、その活動を黙認した。同胞団は70年代から80年代にかけてほとんどの大学自治会を押さえ、80年代には医師組合、技師組合など職能組合の理事会選挙で勝利し、社会的影響力を広げた。87年の議会選挙では、野党の労働党と選挙協定を結んで参加し、野党勢力で最大の議席を獲得した。

イスラムの理念に基づく社会運動を基盤にするムスリム同胞団の活動は、エジプトだけでなく、すべてのアラブ諸国に広がっている。チュニジアの「ナハダ運動」のほかにも、パレスチナの「ハマス（イスラム抵抗運動）」、シリアの反体制運動を主導する「シリア・ムスリム同胞団」、イラク戦争後の米軍占領下で任命された統治評議会にスンニ派勢力として参加した「イラク・イスラム党」、クウェートの「イスラム立憲運動」などもそうだ。また、トルコのエルドアン大統領が率いる公正発展党は同胞団の系列ではないが、近い関係にある。「アラブの春」の後、政治の主導権を握ったエジプトやチュニジアの同胞団は、イスラムの理念に基づきながらも、米欧との友好関係を維持し、経済優先で発展を実現するというトルコを模範にしようとした。エジプトでムルシ政権が生まれた２０１２年は、まさに中東における同胞団時代の到来を思わせた。

前述したようにエジプトのムスリム同胞団は穏健派であり、ムバラク体制を支えていた政府の上級公務員や公安警察など旧勢力を排除することはなく、軍とも共存しようとした。米国とは友好関係を維持した。しかし、それが「革命的若者たち」の目に「反動勢力」と映った。ムルシ政権が成立して1周年の２０１３年6月30日、タハリール広場は若者たちによる大規模な反ムルシデモで埋まった。その混乱の中で、軍最高司令官のシーシ国防相（現大統領）はムルシに「48時間以内に国民の要求に応えなければ、秩序回復のために（軍が）介入する」と最後通告を突き付けた。直後にムルシはテレビで演説を行ない、「我々にはサラヒーヤ（正統性）がある」と、選挙での民意を正統性として何度も繰り返した。48時間が過ぎた7月3日、軍はムルシを排除して、新たな大統領を指名することを宣言した。憲法上も軍には民選大統領を解任する権限はないので明白な軍事クーデターである。

その後、軍主導の暫定政権は「デモ規制法」をつくり、言論弾圧はムバラク政権時代よりも悪化した。「アラブの春」で世界的に知られ、反ムルシデモも率いた若者組織「4月6日運動」

のリーダーは逮捕され、有罪判決を受けた。結果的に、若者たちは軍と旧政権勢力に利用されただけとなった。

ムスリム同胞団をめぐる、アルカイダと「イスラム国」の立場の違い

このような経緯を踏まえて、エジプトの軍事クーデターの1年後に出た「イスラム国」樹立宣言の中で、「ムスリム同胞団も滅びよ」という言葉が出てくる。

「イスラム国」にとって、最後まで民主主義の正当性を繰り返したムルシは、アッラーが下したイスラム法以外の規則を信奉した「ターグート（偶像崇拝者）」ということになる。「イスラム国」の機関誌「ダービク」の2015年春号では、ムルシが大統領時代に国連で演説している写真を掲げて「ターグート・ムルシ」と烙印《らくいん》を押している。また、かつてアルカイダの機関誌に掲載された、裁判にかけられているムルシ宛ての文章を再録している。その文章では「あなたは世俗主義者を受け入れ、十字軍（欧米）と妥協し、米国に保証を与え、イスラエルに従属的な（平和）条約を承認し、米国の支援を受けているムバラクの軍を受け入れ、内務省にも承諾を与えた。その結果が現在の大きな辛苦となっている」とし、そのような態度をあらためれば「あなたはイスラム世界の英雄となり、イスラム世界はあなたを支持することに

なるだろう」と忠告していた。「ダービク」編集部はこの文章について「イスラムの教えに反するターグートのムルシに、イスラムを関係づけている」と非難する。ここでも、ムスリム同胞団とアルカイダをともに批判する、「イスラム国」の立場が示される。アルカイダは、ムルシの妥協的姿勢を批判しつつ修正を求めているが、「イスラム国」はムルシを「ターグート」と規定し、否定の対象として断罪しているところに違いがある。

2012年のタハリール広場で感じた「予兆」

いま「アラブの春」を振り返ってみると、私が取材しただけでも、その後の「イスラム国」につながるいくつかの動きが見えてくる。

その一つは、2012年11月、カイロのタハリール広場を埋め尽くして「イスラム法の実施」を求めたサラフィー主義者の大規模集会である。のちに「イスラム国」の象徴となる黒旗が、タハリール広場のあちこちで翻っていた。黒地に「アッラーのほかに神はない。ムハンマドは神の使徒である」とイスラムの信仰告白の言葉が白抜きで書かれた、「ジハード旗」とも呼ばれるものだ。この集会に、議会で7割の議席を占める同胞団とヌール党は参加していなかった。それでも広場を埋める群衆が集まったのである。2011年1月に若者たちが「自由と公正」を叫んで街頭に繰り出し、ムバラク大統領に辞任を求めてタハリール広場に集まってから2年もたたないのに、同じ広場でジハードを訴える「黒旗」が波打ったことに私は衝撃を受けた。

ステージの上から、スピーカーの大音声が広場に響く。「我々は次のことを要求する」。要求は次のようなものである。「イスラム法の実施」「革命の犠牲者への補償」「革命活動家や政治犯の即時釈放」「旧政権関係者の追放」「オマル・アブドル＝ラフマン師の釈放」。オマル・アブドル＝ラフマン師とは、1993年にニューヨークの世界貿易センタービルで起きた爆弾テロを扇動した罪によって米国で終身刑の判決を受け、服役しているエジプト人のサラフィー主義宗教者。「イスラム集団」の精神的指導者とされる。

同じステージで、この数日前に私がインタビューした商店主が演説を始めた。その商店主は、「アサド政権に対するジハードのためシリアへ行く若者を支援している」と話していた。半信半疑だったが、もし、シリアへ行く若者がいたら直接話を聞きたいから紹介して欲しいと頼んだ。店でインタビューをしている時、目だけを出したベールで顔を覆った女性が店に入ってきた。真っ黒な長服を全身にまとい、まるで黒い影が店に入ってきたようだった。商店主は女性と言葉を交わした後、私の方に向き直って「彼女は以前、キリスト教徒だったのだ」と言った。

サラフィー主義者たちが、エジプトにいるキリスト教の一派のコプト教徒をイスラム教に改宗させる活動をし、改宗させることができれば「イスラムの勝利」と宣伝している——という話を聞いたことがある。サラフィー主義者が改宗させた女性をコプト教徒が連れ戻し、それに対してサラフィー主義者が「改宗した女性を教会に監禁している」として、衝突が起こったこともあった。偶然だったが、キリスト教からイスラム教に改宗した女性と、改宗させたサラフィー主義者を実際に見たことで、この商店主がシリアにジハードに行く若者に支援をしているというのも本当だろう、と思ったものだ。

タハリール広場にいたサラフィー主義の若者たちにも話を聞いた。ほとんどは組織に属しておらず、ムハンマド・ハッサーン、ハーゼム・サラーフ・アブ・イスマイルというサラフィー主義の宗教者への傾倒を語った。

若者は、なぜサラフィー主義に傾倒するのか。

サラフィー主義の主張は、ムスリム同胞団の主張に比べて厳格であるが、それだけに単純で明快である。さらに同胞団は長年、弾圧下で活動してきたこともあり、組織が閉鎖的だ。秘密警察に内情を探られないように、同胞団メンバーは5人から7人の「ウスラ（家族）」という細胞単位で活動し、正式メンバーとして認められるためには、団での学習や活動を経て5年から10年を要する。それに比べて、サラフィー主義は、特定の宗教者の金曜礼拝で説教を聞き、その宗教者が行なっている社会活動に参加するだけで参画できるという自由さがあった。

カイロから370キロ南にあるアシュート大学医学部の大学院・大学病院で学び、この集会に参加するためカイロにやってきたという32歳の若者はこう語った。「サラフィー主義に関心を持ったのは10年前（2003年）のイラク戦争がきっかけだ。米軍によるイラク戦争と占領に衝撃を受けて、いろいろな宗教者の話を聞くようになり、真のイスラムに戻ることが困難を克服する方法だと思うようになった」。

イラク戦争と占領がサラフィー主義に傾倒する契機になったというのだ。それは、第3次中東戦争でのイスラエルに対する大敗北がイスラム主義に関心を持つきっかけになった、という話に通じるものを感じさせた。

「戦士」になるボランティア

この時の取材で、シリアに行って戦死したサラフィー主義の若者がいるという話を聞き、出身地であるカイロ南西の町ファイユームを訪れ、家族に会った。

死んだのは35歳のアブ・バクル・ムーサで、父と兄によると、アブ・バクルは2012年3

月、人道支援でシリアの反体制派地域に入ったが、反体制派とともに戦うようになり、9月に「アサド政権軍の空爆を受けて死んだ」という連絡が入ったという。

アブ・バクルはアレクサンドリア大学で英語を専攻し、兄ムウタズが経営する英語ビジネス学院で英語の通訳をし、人材開発の責任者だった。アレクサンドリアはサラフィー主義が盛んな地域で、学生時代からサラフィー主義に傾倒。エジプト革命の後には、イスラエルの封鎖下にあるパレスチナ自治区ガザに支援物資を運び、さらに「アラブの春」でカダフィ政権と反体制派との内戦が始まると、反体制派支援のために食糧などの人道支援物資をリビアに運んでいた。シリア内戦では、レバノンから国境を越えて、北西部イドリブで反体制勢力に参加したという。

アブ・バクルは、シリアの反体制地域から毎日、あるいは2日に1回、メールを送ってきた。シリアに入って間もなくして「空爆が激しくなり、戦うために銃を購入した」という連絡が入ったという。私が「弟さんは軍の経験はあるのですか」と質問すると、ムウタズは「ありません。自由シリア軍の下で銃を買い、軍事訓練を受けた。救援活動で死んだ殉教者です」と言った。「いや、ジハードに参加したんでしょう?」と私が問い返すと、ムウタズは「ジハードといっても、アサド政権の攻撃から民衆を守るための戦いです」と言葉を続けた。

アサド政権の攻撃を受ける反体制地域に人道救援活動で入ったボランティアが、そのまま銃をとってジハードに参加する。それは、防衛の戦いだから「人道的な救援活動」と考える。これは欧米や日本では通用しない考え方だが、アラブ諸国や欧米から「イスラム国」に入る若者たちの間にも、同様の考え方があるだろうと考えられる。

「アラブの春」発祥の地で台頭するサラフィー主義者

「アラブの春」以降のサラフィー主義の台頭は、エジプトだけの現象ではない。「アラブの春」の発端となったチュニジアやリビアでも同様である。２０１２年11月に「アラブの春」発祥の地であるチュニジア中部シディブジドを訪ねた時にも、サラフィー主義の台頭を実感した。

２０１０年12月、シディブジドで野菜の行商をしていた若者が警官に侮辱されて焼身自殺をした。その死に抗議する若者たちのデモが始まり、首都チュニスにまで広がったことで、ベンアリ大統領は恐れをなして出国した。これが「ジャスミン革命」ともいわれるチュニジアでの政変だ。その2年後にシディブジドを訪ねて、驚いた。町で一番有名なホテルにサラフィー主義者数十人が押し掛けて、ホテルのバーにあったアルコールの瓶をすべて壊したというのだ。イスラムでは飲酒は禁止されているが、観光地でもあるチュニジアではベンアリ時代に親欧米策をとり、アルコール販売も認められていた。しかし、革命後にサラフィー主義者たちが酒追放運動を始めたという。町で最後まで酒を出していたのが、そのホテルだった。

さらに、若者が焼身自殺した場所に近い市場では、革命後、毎週土曜日に数十人のサラフィー主義者がパトロールをするようになったという。「アラブの春」発祥の町は、イスラム厳格派に乗っ取られてしまったような印象だった。

パトロールに参加しているサラフィー主義者の商店主（36）は、「パトロールは、革命によって治安が乱れたため、盗みなどの悪行を防ぐために始まった。我々はボランティアで市場を守っている」と語った。パトロールに携わるサラフィー主義者は400人から500人。毎日、病院で夜の警備もしているという。ホテルに押し掛けて酒瓶を割ったことについて、商店主は「住民たちから酒を販売することへの反発があったので、我々は民衆の意思を受けて酒の排除に乗り出したのだ。公共の利益のために行なっている」と正当化した。

前述したように、エジプトでは「アラブの春」によって公安警察や秘密警察の支配が崩れた結果、社会に無秩序状態が広がり、それに対して、善悪の基準であるイスラムのルールによって秩序を回復するという動きが起こった。同じことが、ここでも起きている。

サラフィー主義者と公安警察との関係

「アラブの春」の後にエジプトやチュニジアでムスリム同胞団が政治を主導する勢力になるのは、予想できたことである。しかし、サラフィー主義の台頭は予想できないことだった。エジプトで選挙経験もないサラフィー主義者の政党が、自由選挙で25％の議席をとるような組織力を持ったのはどうしてなのか。

2012年11月、エジプトを代表する人権運動家で弁護士のハーフィズ・アブ・サーダ（エジプト人権機構事務局長）に取材した。彼は、「サラフィー勢力は革命前から存在し、政府や公安警察と協力し、イスラム教の宣伝活動やメッカ巡礼の旅行業務を行ない、大きな利益を得ていた。革命中や革命後も、サラフィー勢力は公安警察と協力して、警察を守ったり、国会などの国家機関がデモ隊に襲撃されるのを守ったりしていた」と、サラフィー主義者と公安警察との関係を指摘した。

この話を理解するためには、ムバラク時代の最大の体制批判組織であるムスリム同胞団とサラフィー主義の関係を知る必要がある。同胞団は貧困救済、識字運動、職業訓練、病院経営など幅広い活動を行ない、国民の支持を集めて選挙で勝利し、政権をとって、イスラムに基づいた国をつくることを目的とする政治組織である。一方で「ジハード団」や「イスラム集団」という戦闘的な「サラフィー・ジハーディ」組織は厳しい弾圧で抑えられた。それに代わって、非政治的なサラフィー主義組織が出てきた。ムバラク政権は公安警察を使って同胞団を弾圧する一方、非政治的サラフィー主義組織を支援し、利用していた。

サラフィー主義勢力が担った「メッカ巡礼の旅行業務」について、アブ・サーダは「多くの警察幹部が、メッカ巡礼や小巡礼の組織や手配のために、サラフィー関係者と連絡をとり、協力関係にある」と語った。年1回、世界のイスラム教徒が200万人以上集まるメッカ巡礼では、エジプトだけでも20万人ほどが移動する。メッカへの巡礼ツアーは公安警察の管轄下にあり、サラフィー主義組織が旅行業務を代行する。大きな金が動く機会で、利権にもつながっている。公安警察とサラフィー主義勢力が協力する一大行事となっていたということである。

実際、私がタハリール広場で開かれたサラフィー主義者の大規模集会を取材した時も、「イスラム法の実施」など政治的なスローガンを書いたビラに交じって、「メッカ巡礼や小巡礼のご用命はこちらへ」と書かれた旅行代理店のビラが配られていた。その後でアブ・サーダの話を聞いたので、なるほど、そういうことだったのかと納得した。

エジプト革命を契機に、サラフィー主義者はヌール党を結成した。それについても、「革命後、旧政権党の国民民主党関係者や警察関係者の協力があった」とアブ・サーダは語った。先述したように、エジプト革命で多くの警察署が焼き討ちを受け、1年以上、警官が表に出ることができない時期に革命後初の議会選挙があった。公安警察はこの警察不在の時期に、同胞団に対抗して、革命以前から協力関係があったサラフィー主義勢力の政治参加や政党化を支援していたという。軍のクーデターでムスリム同胞団出身のムルシ大統領が排除された時、サラフィー主義の最大政党ヌール党は軍支持を表明した。

若者のエネルギーを吸収したのは、同胞団ではなく「イスラム国」だった

イスラム体制を樹立し、「カリフ制」を再興しようとする思想や試みは、1924年にオスマントルコ帝国の滅亡に伴ってカリフ制が廃止された後、さまざまに出てきた。先述したように、アルカイダは9・11の後に「カリフ制」再興を計画していたし、エジプトのムスリム同胞団団長が「カリフ制の樹立が目標」と語ったという報道もあった。50年代から「カリフ制」再興を掲げてアラブ世界を中心に活動する「解放党」というイスラム組織もある。したがって、「イスラム国」の問題は「カリフ制」を宣言したことそのものよりも、その宣言が現実的な影響力を持ったことである。それはイラク北西部とシリア北東部にまたがる広い地域でスンニ派部族の支持を得て、イスラム統治を実施し、アラブ諸国や欧米から3万人以上の若者が「イス

ラム国」に参入したり、「イスラム国」の呼びかけに応えて欧米でテロが起こったりするという現実の影響力を持ったということである。

逆にいうならば、「カリフ制」の樹立がインパクトを持つ現実的な条件が中東にできていたということであろう。条件ができていなければ、いくら「イスラム国」が「カリフ制」を宣言しても、9・11後のアルカイダの「カリフ国」宣言計画のように、絵に描いた餅になる。「イスラム国」が影響力を持つことができた重要な条件は、本章で書いたように、「アラブの春」によって、イスラムが社会変化を担う〝イデオロギー〟として若者たちの間に勃興したことである。民主的な選挙を通して政権をとったムスリム同胞団は、その組織的な閉鎖性や考えの保守性から、若者たちのエネルギーを吸収することに失敗した。同胞団を潰そうとする力も働き、その時代はあっという間に終わった。

「イスラム国」は権力闘争の産物でもある

「イスラム国」は、シリア内戦に参入するまでは、「アラブの春」とは関係ない、イラクのスンニ派地域に限定された目立たない組織だった。それが、2013年春に内戦に絡んだ途端に、いきなり存在が肥大化した。この経過には、サウジアラビアなど湾岸諸国からの「イスラム国」への支援や、アサド政権と「イスラム国」との協力関係など、よくわからないことが多い。「イスラム国」の問題は、政治の問題というよりも、治安情報機関が関わるインテリジェンスの問題であり、実際に何が起こっているかは表に出ないためだ。

表に出ている政治状況から推測できるのは、「アラブの春」で強権体制が次々と崩壊し、その後にムスリム同胞団系組織が中東全域で政治を主導する動きの中で、「同胞団の時代」を潰そうとする力が働いたことである。

打倒アサド政権を掲げて欧米の支援を受けた反体制組織連合体の最大会派は、シリア・ムスリム同胞団だった。エジプトが同胞団政権だった2012年6月から13年6月まで、そのシリア反体制勢力はエジプト政府の強い支援を受けていた。一方、こうした中で「イスラム国」の姿勢は、一貫して反同胞団である。その結果、中東での同胞団勢力の拡大を排除したい国は、主義・主張と関係なく、「イスラム国」を陰で支援することになる。つまり、「イスラム国」は「カリフ制」を求める厳格なイスラム主義者の運動というだけでなく、中東を舞台にして行なわれる熾烈《しれつ》な権力闘争の産物でもあるという視点が必要になる。

次章では、「イスラム国」とイラクの旧治安当局との関係について考察する。

第5章　「イスラム国」を支える影の存在

「イスラム国」の軍事を統括するのはイラク軍元将校

２０１４年６月に「イスラム国」が「カリフ制」を宣言し、「イラク・シリア・イスラム国（ＩＳＩＳ）」のアミール（司令官）であるアブ・バクル・バグダディが指導者としてカリフを名乗った。

「イスラム国」が公表した彼の経歴によると、サーマッラの宗教的な家庭に生まれ、バグダッドのイスラム大学を卒業した「優れたイスラム説教師であり教育者」。米軍占領下で反米武装組織に参加し、２００６年にＩＳＩＳの前身である「イラク・イスラム国」に参加している。「イスラム国」の樹立宣言後も、バグダディの金曜日礼拝での説教がユーチューブで流れることがあるが、政治的な指導者というより宗教者という印象が強い。そのことから、本書第２章で紹介した「有志連合参加国の市民を殺害せよ」という声明を出した報道官のアドナニが、「イスラム国」の実質的な指導者ではないかという推測が出た。アラブ世界では、組織の報道官・スポークスマンは単なる広報担当ではなく、その組織の実権を握る人物である場合が少なくない。

「イスラム国」の樹立が宣言され、世界中の注目が集まる中で、アラブ世界のさまざまなメディアに「イスラム国」指導部の名簿が出回った。アドナニも上位に入るが、バグダディの次にきたのは、イラク側の副官アブ・ムスリム・トルクマーニと、シリア側の副官アブ・アリ・アンバーリーである。2人の副官はともにイラク軍元将校という経歴だった。その後、トルクマーニは2015年8月、アンバーリーは16年3月に米軍の空爆で死亡したという情報が流れた。

トルクマーニはモスル西方にある町タルアファル出身のトルクメン人で、イラク軍特殊部隊や軍情報部で働き、大佐になる手前でイラク戦争が開戦。戦後、反米武装活動に参加し、2013年まで米軍に拘束されていたという。「イスラム国」では軍事委員会の委員長を務めた。軍事を統括しているのはバグダディではなく、トルクマーニだといわれている。

アンバーリーはイラク軍で少将まで進んだが、サラフィー主義に傾斜し、1998年にアフガニスタンに行ったという。2000年にイラクに戻り、「アンサール・イスラム」という反米ジハード組織に参加。イラク戦争後の04年にザルカウィに忠誠を誓い、「イラク・アルカイダ」に参加したという。

「イスラム国」といえば、外国人の残酷な処刑や、「偶像破壊」と称して古代の石像を破壊するなど、イスラム法を厳格に実施するエキセントリックな面ばかりが強調されるが、副官がともにイラク軍の元将校で、特に一人が情報将校であることを考えれば、過激で残酷な顔の奥に、冷徹な意思が働いていると考えざるを得ない。

テロの背後に「協力者」がいる

「イスラム国」の原点は、イラク戦争後に反米ジハードを開始した、ヨルダン人のザルカウィが率いた「タウヒード・ワ・ジハード」である。

２００３年４月９日のバグダッド陥落によって米軍のイラク占領が始まったが、その４ヶ月後の８月19日、バグダッドの国連現地本部のビルに対して車爆弾による大規模なテロがあり、デメロ特別代表を含む20人以上が死亡。さらに10日後の29日には、イラク中部にあるシーア派聖地ナジャフのアリ・モスクの外で自動車に積んだ爆弾が爆発し、礼拝を終えて出てきたシーア派イスラム革命最高評議会の最高指導者ハキームを含む１００人近くが死亡する大規模テロがあった。この二つのテロは、「タウヒード・ワ・ジハード」が関わっていたとされている。

国連ビルへのテロは、デメロに狙いを定めたものだった。爆弾を積んだトラックが敷地内に入り、デメロの執務中を狙って部屋の下で爆発させたことから、国連内に協力者がいた可能性が高い。ナジャフでハキームを狙ったテロも、周到な準備なしにはできない手口だった。政権崩壊後にイラクで活動し始めた過激派組織に、イラク国内で情報を収集したり組織に浸透したりする能力があるとは思えない。

テロから2年後の2005年8月、イラクのイラキヤ・テレビで、ナジャフの爆破テロに関わり拘束された活動家の自白証言が放映され、そこでの尋問官とのやり取りが、ユダヤ系の「国際問題中東レビュー（MERIA）」に掲載された。その中で、活動家は「私の役割は治安部隊の動きを見張ることだった」と語った。さらに「作戦にはイラクの軍情報部とサダム殉教者軍団が関わっていた」と明かしている。同じ年、当時のイラク内相バヤン・ジャブルは朝日新聞のインタビューで、ザルカウィが率いる「イラク・アルカイダ」によるテロ活動について、「ザルカウィは、旧バース党の多くの将軍や情報将校、共和国防衛隊将校に支援されている。我々はすべての名前を把握している」と語っている。

フセイン政権下のイラク治安情報機関

「イスラム国」とイラクの旧治安情報機関との協力と連携は、すでに2003年から始まっていた。

サダム・フセイン体制下でのイラク治安情報機関は、特別な役割と重要性を持っていた。アラブ世界の独裁国家は、ほとんどの指導者が軍出身であるが、フセインは軍人だったことは一度もなく、アラブ社会主義を唱えたバース党の活動家であり文民だった。バース党が1968年に政権を握った時はわずか31歳で、翌年、党ナンバー2の革命指導評議会副議長になった。そして、公安関係の責任者となって政敵の粛清、国内批判分子の追放を繰り返し、地位を固める。粛清の第一の標的が、政変に協力した軍将軍たちであり、バース党の軍人党員たちだった。軍歴を持たず、政党と公安機関を自分の権力基盤としているフセインにとっては、軍部と軍人をいかに抑えるかが、権力を手に入れ、保持するために必要なことだった。

フセインは、自身が大統領になってからも、常に軍のクーデターを抑えるために腐心した。治安情報機関こそがフセインの権力基盤であり、反体制組織の取り締まりだけでなく、部族対策、少数民族対策など、すべての秩序維持を担ったのである。

フセイン政権下の治安情報機関には次のようなものがある。

①特別治安部（アルアムン・アルハース）

フセインとその家族を暗殺から守るために動く、大統領直属の治安情報機関。1980年代半ば、大統領警護隊が共和国防衛隊として巨大化するにつれて、特別治安部が80年代末に組織され、当初の1000人規模が5000人規模へと拡大した。すべて私服で、フセインの警護の任務を受け持ち、唯一、大統領と接触できる立場にある。さらに指導部内の高官についての情報収集を行ない、その情報が幹部の粛清などにも使われた。他の治安情報機関の監督や調整役ともなった。

②総合治安部（アルアムン・アルアンム）

国内の政治犯、思想犯を取り締まる最も古い秘密警察で、1970年代末に内務省から大統領の直轄に移管される。フセインの故郷であるティクリート出身者が率いる。警察と協力しつつ、幅広い犯罪捜査、政治、経済、報道活動の監視を行なう。多くの通報者を使って、フセイン体制への不服従や不忠誠を示すことを犯罪として摘発する。

③総合情報部（ムハバラート）

最大の情報機関で、８０００人規模。国内の情報収集部門と、海外の大使館を拠点にした対外情報収集部門に分かれる。

国内情報部門の任務は、▽バース党組織やほかの政党の監視▽労働組合や青年組織、女性組織などの非政府組織の監視▽シーア派やクルド人などの反体制組織の弾圧▽防諜活動▽国内の個人、組織の監視▽国内の外国大使館の監視▽国内の外国人の監視▽国内の通報者ネットワークの維持。

対外情報部門の任務は、▽外国のイラク大使館の監視▽大使館を通じての外国情報の収集▽敵対国家の反体制組織の支援▽対外的な破壊活動やテロ活動の実施▽国外にいるイラクの反体制活動家の暗殺や反体制組織への浸透▽アラブ諸国や外国メディアへの謀略情報提供や浸透▽国際的な通報者ネットワークの維持。

国内部門、対外部門ともに破壊活動、暗殺などさまざまな特殊作戦や秘密作戦を行なう部門を持ち、それぞれ特殊訓練を受けたスタッフを抱えていた。

④軍情報部（アルイスティクバラート・アルアスカリヤ）

フセイン政権の発足前からある情報機関。もともとは国防省に属していたが、１９８０年代初めに大統領直属になった。周辺国からの軍事的脅威について監視するとともに、イラク軍内部の政権に対する忠誠度や謀反の動きを監視するという、内と外を同時に監視することが任務である。総合治安部や総合情報部などとともに、北部のクルド人やシーア派の反体制組織への浸透の任務も受け持った。

⑤軍治安部（アルアムン・アルアスカリ）

軍情報部の一部だったが、大統領直属部門として独立させた。イラク軍内部の反体制的な動きを監視し、軍内部の汚職などを調べ、常に軍の動きを掌握する。軍内部の忠誠度を監視する点では軍情報部と任務が重なり、大統領にとっては二重チェックとなる。

以上のような治安情報機関が複雑に重なりあい、それぞれがフセイン大統領個人に従属する体制ができあがっていた。

治安情報機関元職員の証言

イラク戦争を指揮した米中央軍のフランクス司令官は、バグダッド陥落から約1ヶ月後の2003年5月、「バース党解体」とともに、「サダム・フセインに属する治安、情報、軍情報の各機関は権力と権威を剝奪される」と宣言した。

米占領軍は省庁再開を急ぎ、旧政権下の政府職員の職務復帰を呼びかけたが、治安情報機関だけは職務復帰から除外された。しかし米国は、イラクの治安情報機関がいかに広範な役割を演じていたかを十分に理解していたとはいえない。治安情報機関が丸ごと排除されたことで、フセイン体制下で秩序を維持していた機関が、米軍占領を失敗させ、さらにシーア派が主導した戦後体制を挫折させるために秩序破壊に動き始めた。

情報機関の最大組織が、一般的に「ムハバラート」と呼ばれる総合情報部である。ムハバラートはすべてのアラブ諸国にあるが、その関係者と接触することは全く不可能である。ところが、体制が崩れた戦争後のイラクで、ムハバラートの元職員と接触することができた。「アブ・バラ」というコード名の人物である。

アブ・バラは1993年に警察大学を卒業し、1年間の研修を受けて、ムハバラートに配属された。キューバのイラク大使館での勤務経験もある。常に偽の身分証明書を携帯し、家族や親類にも正体を隠した。アブ・バラが働いていたムハバラートの内部情報局（M6）の職員は約400人。全部で28局あるムハバラート職員の綱紀粛正や腐敗取り締まりが任務で、「ムハバラートの中のムハバラート」の異名があった。組織の要の部署に配属されたのは、フセイン大統領と同じ部族出身だったからだという。

アブ・バラは職務の一端を語った。M6は1997年ごろ、「クウェート担当の職員が、湾岸戦争後、バグダッドに移ったクウェート商人を脅して金をとっている」との情報を得た。クウェート商人はイラクの協力者で、戦後はクウェートに住むことができなくなったのだ。アブ・バラは、商人が職員と会う前に連絡をとり、職員が商人から金を受け取る現場へ向かった。職員は金をとると急いで車に乗り、発進しようとしたが、車に飛び乗って逮捕した。「M6だ」と告げると、職員は「もう、終わりだ」と泣き始めたという。裁判で懲役7年が言い渡された。

アブ・バラは職員の腐敗だけでなく、私生活にも介入した。99年、「部内のコンピュータ技師の妻が浮気をしている」との情報が入った。アブ・バラは妻の電話を盗聴し、会話を録音した。そして、妻が働く政府系工場を訪ね、個室で妻と愛人との会話を録音したテープを聴かせて「浮気をやめなければ、夫に事実を明かす」と迫った。ののしっていた妻は、「M6」と聞くと泣いて懇願し、浮気は止まった。「組織に緩みや腐敗、スキャンダルがあれば、外国の情報機関が問題を抱える職員や家族につけこんで、こちらの情報機関に浸透してくる。組織をきれいにしておくのが私たちの任務だ」とアブ・バラは語った。

イラクはイラン、トルコ、シリア、ヨルダン、クウェート、サウジアラビアと、周囲を

「敵」に囲まれている。アブ・バラは「我々が隙を見せたら、すぐに国内の治安を乱されてしまう」とも言った。

イラクが最も警戒した対イラン工作には、全職員の4分の1を超える2000人以上の職員が携わった。同じく99年ごろ、イランにいる連絡員から「灰色の車がイラク国内へ進入」という電報が入った。イラン担当局は2日後に、侵入した車と、関わった人物を取り押さえたという。アブ・バラはこれをムハバラートの有能さを示す例として挙げた。

アブ・バラは言った。

「担当者たちは四六時中、イランと関わる内外の情報を集めている。イランと関わっている人間はすべてマークされている。多くは泳がされていて、いったん情報が入ればすべてのネットワークがチェックされ、不穏な動きにはすぐに対応できた。戦後、米国はイラクの情報機関を一掃したために、治安を攪乱する国内外の動きを監視する機関がなくなった。アルカイダであれ、外国の情報機関であれ、いまのようなイラクでは好き勝手に入り放題だ」

イラク戦争後、ムハバラートは解体された。アブ・バラは故郷の州の警官として職を得た。ムハバラートで働いていたことは家族でさえ知らず、表向きは普通の警官だった。そして、駐留してきた米軍司令官がヒスパニックだったことから、キューバ勤務時代に修得したスペイン語を使って、地元の州知事の通訳をするようになった。司令官から「君はただの警官ではないな」と言われ、「ムハバラートでした」と答えた。司令官はそれ以上聞かなかった。その後は、占領米軍の下で、米国際開発局（ＵＳＡＩＤ）からイラク民主化事業を請け負っている非政府組織「リサーチ・トライアングル国際研究所（ＲＴＩ）」のコンサルタントとして、州議会議員選出のために働いた。

アブ・バラは、イラク警察とＲＴＩの２枚のＩＤカードを私に見せながら、「私の古い人生は終わり、新しい人生が始まった。国と社会の安定のために裏方として働くのは、どちらも同じだ」と語った。

旧体制で独裁政権のために働いていた治安情報機関の人間が、戦後は米軍のもとでイラク民主化のために働くというのは都合が良すぎるようにも思えるが、実際、そういう人間は存在する。サダム・フセイン体制を支えていた治安情報機関や軍情報部で働いていた人間はエリートであり、米占領当局にとっても〝使える人間〟だったということである。

「国家」から排除された者たちが、新たな「国」へ

再三述べているように、戦後のイラクが混乱した要因の一つは、旧政権の治安情報機関を丸

ごと排除したことである。新生イラク体制から排除された旧体制の治安情報機関は、占領米軍を攻撃しただけではなく、ザルカウィが率いた「イラク・アルカイダ」に合流していった。「イラク・アルカイダ」は2006年10月、スンニ派反体制組織を糾合して「イラク・イスラム国」と名称を変え、国防、内務、財政、教育など10人の大臣を指名した。

これは、同年2月にイラクで始まったスンニ派とシーア派の宗派抗争が激化し、ザルカウィが6月に米軍の爆撃で死亡した後のことである。宗派抗争を激化させるのは「イラク・アルカイダ」の戦略であり、スンニ派とシーア派の間にくさびを打ちこみ、スンニ派を防衛する存在として「国」を打ち出したようにも思える。

ビンラディンが率いていたアルカイダが「2020年計画」で思い描いたのは、アラブの腐敗した専制国家が崩壊した後、民衆の支持を得て打ち立てる到達点としての「イスラム国」であったが、ここに出現したのは、到達点ではなく出発点としての「イスラム国」である。「国」を出発点とするところに、「近い敵＝アラブの政権」打倒を掲げてきた革命的ジハード組織とも、「遠い敵＝米国」を標的として9・11米同時多発テロを起こしたアルカイダとも異なる発想が見える。

しかし、イスラムの論理で考えれば、サラフィー主義者が「カリフ制」復活にこだわるのはわかるが、それは「イスラム国」という「国」である必要はないはずである。この「国」へのこだわりは、イラク戦争によって「国」を奪われ、反米ジハード組織に合流した旧政権情報機関の発想だと考えれば、合点がいく。サダム・フセイン体制で「国家」を担っていた治安情報機関が、米占領当局によって新生イラクから排除された。彼らは「イラク・イスラム国」に合流し、新たな「国」の担い手になろうとしたという読みである。

「イスラム国」の地域支配は旧イラクと同じ手法

「イスラム国」におけるイラク旧体制情報機関の役割を考える上で興味深い資料が、2015年4月、ドイツの「シュピーゲル」誌に掲載された。

資料の内容は、「イスラム国」の戦略を立案したのはイラク旧フセイン政権の元情報将校だった、というものだ。「ハジ・バクル」と呼ばれた旧イラク空軍情報部の元大佐が、2014年1月、シリア北部タルリファトで自由シリア軍に家を襲撃され、殺害された。その自宅にあった31ページの機密文書を「シュピーゲル」誌が入手したという。記事はハジ・バクルの死から1年以上経過しているが、2014年当時も、「ISIS のアレッポ副知事として治安対策を担っていた幹部が死亡した」というニュースになっていた。当時のISISの声明では、ハジ・バクルについて「十字軍（米軍）のイラク侵攻の後、早い時期にジハードに参加した戦士の一人」と称賛していた。
「シュピーゲル」誌には、ハジ・バクルが書いた、地域を支配するための計画が記されていた。概要は以下の通りである。

まず、イスラムを広める宣教の事務所を開き、イスラムの教えに沿った生活についての講義を実施し、それを聞きにくる住民の中から1人か2人を選び、村についての情報を集めるように指示する。つまり、情報収集者にしたてる。収集を指示する情報とは▽有力な家族のリスト▽その家族の中で力を持つ個人の名前▽その家族の収入源▽村での軍団の名前と規模▽軍団のリーダーとその政治的な傾向▽村でのイスラム法に反する行為についての情報――など。将来の脅しのネタにするために、同性愛や秘められた関係などの情報も集める。地域に浸透するために、工作にあたるグループのメンバーを有力家族の娘と結婚させるという方法も含まれる。

ハジ・バクルの計画書には、対象となる町や村の担当者は、スパイ＝情報収集者を使って、地域のあらゆる情報を集めるようにと細かい指示が記されている。そこに住んでいる人々や家族、宗教的かどうか、宗教的であればどの法学の流れに属しているのか、地域にモスクはいくつあり、宗教指導者は誰で、子供や妻は何人いて、それぞれ何歳か。宗教指導者はどのような説教をし、どのような宗教的な考え方を持っているか。政府との関係や、ジハードに対する態度は。さらに、宗教指導者は俸給を得ているのか、得ているなら誰が払っているのか、誰が彼を任命しているのか、村で民主主義を信奉している者たちはどれほどいるのか……。また計画書には、担当者は地域の細かい亀裂や昔起こった問題を見出《みいだ》し、それを使ってゆさぶりをかけ、地域を分断し、服従させる方法をとると書かれている。情報収集だけでなく、拉致や殺人など粗っぽい手段をとることもあるという。

この記事に出ている計画書の内容を見れば、フセイン体制下で行なわれていた、情報機関と秘密警察による国民の支配と同じ手法だと気付く。あらゆるところに情報提供者がいて国民を監視し、すべての情報が権力に握られている。人々が集まる街のカフェや部族の集まり、友人同士のおしゃべりで不用意に政治的なことを言うと、警察に捕まってしまう。小学校で幼い児童が、家での父親の言動について無邪気に話したことが教師を通じて秘密警察に伝わり、父親が逮捕されたという話もある。フセイン体制は「恐怖の共和国」と呼ばれたが、それを支えていたのは、情報機関と秘密警察が、地域、職場、学校、部族などに張り巡らしていた情報提供者のネットワークだった。

高度な統治能力の源泉

情報機関の任務をこなすには、高度に専門的な訓練と経験を必要とする。厳格なイスラム法の実施を唱える大時代的な過激派組織が、一朝一夕で手に入れられるものではない。

イラクとシリアにまたがる「イスラム国」は、一時は日本の本州に匹敵する20万平方キロ以上の地域を支配し、周辺地域で激しい軍事作戦を多方面で展開し、地域内では1000万人ともいわれる人口を支配している。2016年夏の段階では米国主導の有志連合やイラク政府、シリアのクルド人部隊による攻撃で、支配地域は3割から4割狭くなっているとされるが、それでも10万平方キロを超えていた。

このような状況でも簡単に支配が崩れなかったのは、高度なインテリジェンスに支えられた統治能力を有しているからと考えるしかない。そうでなければ、「国」は1日で瓦解してしまうだろう。もちろん、民衆と地域の支配は、恐怖で縛るだけでは実現しない。電気や水の供給など人々が生きていくための最低限の条件をつくり、食糧、医療、貧困救済などの恩恵を与えなければならない。アメとムチである。欧米でも日本でもほとんど紹介されることはないが、「イスラム国」が流している映像には、病院や学校、食糧配給所などを題材としたものも多い。いずれにせよ、戦闘地域は全体から見れば一部であるから、「国」を維持するためには、支配地域でサービスを提供し、民衆を従わせなくてはならない。

米欧による空爆が始まった直後の2014年9月10日、「イスラム国」教育局から、9月に始まる新年度の教育についての決定が文書で公布されたことがある。インターネット経由で入手した文書には、「無知を終わらせ、イスラム法を普及させ、腐敗したカリキュラムに代えて、正しいイスラムのカリキュラムを導入するために、カリフは『イスラム国』に教育局を創設することを命じた」とある。力を入れる教育は「イスラム教義、軍事、医学、工学、化学、物理学、行政、農学、その他の科学」としている。また、廃止されるカリキュラムとして「音楽、芸術、哲学、社会学、心理学、歴史、地理、文学、キリスト教教育」が挙げられている。さらに教師への注意事項がいくつか挙げられ、中には「神がすべてを創造したことに反するダーウィン理論に関わる科学を廃止する」というものもある。

この教育方針には欧米から批判が出るだろうし、イスラム教徒の中にも批判はあるはずだ。しかし、イスラムの教えの厳格な実施を求めるサラフィー主義者の多くは、この方針を支持するだろう。

なお文書には「生徒と教師は、男性と女性を分離する」とあった。これは裏を返せば、女子生徒や女性教諭も存在するということである。アフガニスタンのタリバンが禁止していた女子教育が「イスラム国」では認められているわけで、それ自体は〝進歩的〟といえる。何よりも驚くべきは、米国が空爆を継続すると言っている時に、新教育年度を始めようとしていることである。空爆開始にあたっての演説で、オバマ大統領は「従う住民もいない単なるテロ組織」と決め付けたが、単なるテロ集団では1000万人を長期間にわたって支配することなどできるはずがない。そこが、支配地域を持たなかったアルカイダと「イスラム国」の大きな違いである。

アラブ諸国や欧米から3万人の若者が「イスラム国」に参入しても、広大な支配地域の統治ができるわけではない。また、イスラム法を唱えれば統治できるわけでもない。繰り返すが、フセイン体制を支えていた旧治安情報機関が、「国」を支えているということである。

「イスラム国」とシリア軍情報部との関係

ただ、「イスラム国」に旧フセイン体制の治安情報機関の影が濃いからといって、イラクの旧体制が「イスラム国」を支配しているということを意味するわけではない。

情報機関にとって、国が民主制か、独裁制か、カリフ制かは関係ない。旧体制の情報機関のメンバーは、厳格なイスラム法に基づいて統治しようと考える「イスラム国」の意思を実現するために、民衆や部族を支配する役割を担うテクノクラートである。先に紹介した元ムハバラート職員の「アブ・バラ」のように、占領米軍の司令官に仕えて米国の民主化政策を担うのも一つの道であり、一方で、「イスラム国」を支えるのも一つの道ということだろう。彼らは、冷徹な現実主義者ということでは同じである。

「シュピーゲル」誌の記事には、「イスラム国」の元になった「イラク・アルカイダ」とイラクの治安情報機関との関係で、シリアの情報機関について触れた記述もある。2003年に米軍がバグダッドを陥落させた時、シリアのアサド政権は「次は自分たちの番だ」と恐れた。そして、シリアの情報機関は米軍のイラク占領を挫折させるために、数千人の反米ジハーディストをシリア経由でイラクに送りこんだ。イラク戦争後にイラクに入ったイスラム戦士の9割がシリア経由だったという。「シリアの将校と、国際的なジハーディストと、イラク旧体制の将校たちによる奇妙な協力関係が生まれ、(シリア軍情報部がある) ダマスカス西部では繰り返し(三者の) 会議が開かれていた」と同誌にある。

「イスラム国」とシリア軍情報部との関係については、2014年1月にスイスのジュネーブで開かれたシリア国際和平会議「ジュネーブⅡ」で、反体制派のシリア国民連合から、「ISISの幹部にシリア軍情報部の元将校がいる」として複数の実名を挙げる文書が配られた。元将校の一人「ムハンナド・ジュネイディ」は「イラク戦争後、（シリア東部の）デリゾールで、駐留する米軍と戦うためにイラク入りするイスラム戦士の出入国を監督する責任者だった」という。反米ジハーディストのイラク入りは、米軍占領を失敗させようとしたシリアの利害と一致し、シリア軍情報部の監督と協力があると考えられていた。米軍占領が終わった後も、シリア軍の情報将校とISISの関係が続いていることはありうることである。

「もっと優れた情報将校が合流している」

私は、イラク戦争後に取材したことのある、フセイン体制下で軍情報部の将校だったアブ・ミーナと連絡をとり、「シュピーゲル」誌の記事のアラビア語訳を送って感想を求めた。

アブ・ミーナは、イラク戦争でバグダッドが陥落するまで、大統領府からの指令を共和国防衛隊に届ける連絡将校をしていた。戦後は職を失ったが、2004年6月末、米軍占領下で任命されたアラウィ首相を首班とする政権で情報関係の部門に復帰した。

私は当時、首都攻防戦なしでバグダッドが陥落した理由を知りたくて、旧軍関係者の取材を進めていた。アブ・ミーナは、イラク戦争時のバグダッド周辺の共和国防衛隊配置図を手書きで描き、地図の上に矢印を引きながら詳しく説明してくれた。その手書きの配置図を見て、これはプロだ、と感じた。「シュピーゲル」誌の記事についてアブ・ミーナに聞いてみようと思ったのは、同誌に掲載されていた、ハジ・バクルが書いたという手書きの組織図を見て、アブ・ミーナが描いた配置図を思い出したからだ。

アブ・ミーナは、「米軍と戦うためにイラク・アルカイダと協力し、参加したイラクの情報関係者は数千にのぼるだろう」と語ったが、空軍情報部の元大佐で無名のハジ・バクルが「イスラム国」の地域支配の計画を作成したという記述については「空軍情報部の将校の知識は、空軍情報に限定されている。彼が『イスラム国』の地域支配の計画を立案したというのは誇張しすぎている」という評価だった。

アブ・ミーナは、「イスラム国」にはもっと優れた情報将校が合流しているとして、何人かの名前を挙げた。その中に、バグダディの副官で、イラク軍特殊部隊や軍情報部で働いたことがあるアブ・ムスリム・トルクマーニ（前出）の名前が出てきた。「特殊部隊はサダム・フセインが特別に力を入れて養成した部隊で、国外での戦闘訓練に派遣されたり、軍事や戦略の専門家を招いて戦闘計画の作成などの専門技術を学ばせたり、高度な訓練を施していた。ハジ・バクルよりもはるかに有能だったはずだ」という。

さらに、旧イラク軍の爆発物製造の専門家で、「イスラム国」に参加したアブ・オマル・ケルダシュという元軍人の名前も挙げた。彼もトルクマーニと同様、タルアファル出身のトルクメン人だという。

「トルクメン人はイラク軍の中でも勇敢で有能な将校が多く、宗教的に敬虔であることも知られている。私が知っているトルクメン人将校で飲酒をする者を見たことがない。しかしトルクメン人は温和で、過激とは正反対の人々だから、『イスラム国』に多くの将校が参加していることには驚いている」とアブ・ミーナは語った。その上で、「多くの旧イラク軍将校が『イスラム国』に参加しているのは、宗教的な理由ではなく、米国やイランという敵を同じくするためとしか考えられない」という見方を示した。

「イスラム国」とスンニ派部族勢力をつないだ黒幕は?

アブ・ミーナによると、イラク軍の元将校や治安情報機関は、イラク戦争後、しばらくは表に出ないように影を潜めていたという。しかし、シリア情報部がイラク国内で活発に動き、イラクの旧情報機関関係者を探し出して反米組織化を支援し、アルカイダとの連携も助けたという。シリア情報部は米軍占領を失敗させ、米軍の対テロ戦争がシリアのアサド政権に向かわないようにすることを至上命令として、占領米軍と戦うアルカイダ戦士を支援していた。

アブ・ミーナは「イラク・アルカイダは、当初、できるだけ多くの米兵を殺して米軍を撤退に追いこむことを狙っており、『イスラム国』をつくることは考えていなかったはずだ。それが、イラクの情報将校が大挙して参加することで変わった」と言った。シリアとイランはイラク戦争前は「反イラク」で結束し、戦後は「反米」で協力した。つまり、シリア情報部は、イラクのスンニ派勢力が反米ジハードを行なうことは支援しても、シーア派政権に対抗して「イラク・イスラム国」をつくることまでは望んでいなかったということだ。イランの支援を受けるシーア派政権がイラクを支配することは、シリアにとっても歓迎すべきことだった。

「イラク・アルカイダ」がシーア派地域に自爆テロ攻撃を始めたことについて、アルカイダのザワヒリが繰り返しザルカウィに苦言を呈したが、ザルカウィは従わなかった。イラクのスンニ派部族の間でも、シーア派敵視の考え方は一般的ではない。シーア派との敵対は、ザルカウィの宗教的な考え方と、イラクの旧治安情報機関の政治的な計算が一致したためであろう。

2014年6月、「イスラム国」によるモスル陥落の時、シーア派政権に反発したイラクのスンニ派部族は「イスラム国」と共闘した。モスルがあっけなく陥落した理由は、「イスラム国」による外からの攻撃だけでなく、イラク軍の背後から部族が反乱を起こし、軍が総崩れになったためである。

「イスラム国」樹立の宣言があった直後、私は、北部クルド地区の主要都市アルビルに逃げていた、スンニ派部族組織「革命的部族委員会」幹部であるアブドルラザク・シャンマリに話を聞いた。シャンマリは「今回の戦いは、スンニ派を抑圧するシーア派主導のマリキ政権に対して、スンニ派部族と民衆が立ちあがった民衆革命だ。それぞれの都市や町で、地元のスンニ派部族が政権軍に対して反乱を起こしている。『イスラム国』は軍事的にも反乱勢力の一部に過ぎない」と語った。

「イスラム国」が3日間の戦いでモスルを制圧した後、政権軍はモスルがあるニナワ州、サラハディン州、キルクーク州で次々と敗走し、総崩れになった。世界に衝撃を与えた「イスラム国」によるモスル制圧は、「イスラム国」とスンニ派部族勢力の幅広い共闘と連携によって、初めて可能になったということである。両者の連携工作のために動くことができるのは、「イスラム国」の戦略立案の一角を担い、旧フセイン体制で部族対策を担っていた旧治安情報機関の将校以外にいないだろう。

「イスラム国」を、単に厳格なイスラム法の実施を掲げる過激派組織と考えるだけでは、正体を見誤ることになる。

第6章　スンニ派の受難とテロの拡散

カリフに忠誠を誓う部族長たち

「抑圧と屈辱の時には、外に出て歩くのも安全ではなかった。いまは、誇りを持って外を歩くことができる。いま世界は信仰か不信仰かを選ばねばならない」

「彼ら（『イスラム国』）がやってきて、我々をイスラムの下に解放した。我々は常に『アッラーのほかに神はない』を唱える、その旗のもとにある」

「我々は困難な状況を経て、いま『イスラム国』とともにある。我々はともにシーア派とクルド兵と戦う」

「我々は神にかけて、バグダディ師に忠誠を誓う。我々は『イスラム国』の一部であり、それを誇りに思う」

アラブ風の頭巾をつけた年配の男たちが、次々と「イスラム国」との共闘を語る。「イスラム国」が2015年5月に動画サイトのユーチューブで公開した、イラクのモスルでの映像である。男たちはニナワ州のスンニ派部族長であり、「イスラム国」のカリフ、アブ・バクル・バグダディに忠誠を誓う会が行なわれている。部族長たちは「我々は信仰深い司令官であるアブ・バクル・バグダディ師に忠誠を誓い、従う」とバグダディの名を唱えた後、右に挙げたようなコメントを出した。

イスラムのカリフに部族長が忠誠を誓う、という大時代的な構図は、とても21世紀とは思えない。しかし、これが、米国主導のイラク戦争によって引き起こされた混乱が行きついた現実である。

戦争が始まる前、中東のことをいくらかでも知っている者なら誰もが懸念したように、イラクが分裂し、シーア派、スンニ派、クルド人が相争うことになった。人口の多数を占めるシーア派は国政を主導し、クルド人は北部3州で自治を足固めする。サダム・フセイン体制を主導していたスンニ派は、新体制では排除される立場になった。

米軍の対テロ戦争が戦後も続いたことから治安は悪化し、地域は荒廃した。そのような状況の中で、スンニ派の部族長たちがシーア派やクルド人を敵視する「イスラム国」と手を結んだ。

「部族」が必要とされる時

とはいえ、人口の20％から25％を占め、覇権を争う三つの勢力に入っているスンニ派はまだましで、少数派にとっては存続の危機となった。

アッシリア人などを中心としたキリスト教徒はイラク戦争時に150万人近くいたが、国が崩壊して住む場所を失い、多くが欧米に移住。10年間で3分の1に減った。「イスラム国」がモスルを州都とするニナワ州を制圧した時には、同州から20万人のキリスト教徒がクルド人地域やバグダッドに逃れた。

また、本書第5章の最後で、旧イラク軍のトルクメン人将校たちが「イスラム国」の幹部になったことについて、「温和な人々だったのに、なぜ」と旧軍情報部の人物が疑問を呈したが、少数派のトルクメン人が存続する道は、ほかになかったということだろう。強権体制が破綻し、秩序が崩れた後で、「部族」もまた、人々が自身を守る拠り所として浮上してきたものだった。

部族は、アラビア語では「アシーラ」または「カビーラ」と呼ばれる。アラブの部族は、もともとアラブ民族が出てきたアラビア半島に由来する。

イラクも、サウジアラビアと並ぶ部族社会だ。イラク人は誰もが自分が属する部族への帰属意識を持っている。イラク戦争の後、知り合ったイラク人に「どのような時に部族が必要となるのか」と質問したことがある。イラク人はこう答えた。「例えば、私が交通事故で誰かを死なせたとする。そんな時は、私の故郷の部族長のところに行って、自分が死なせた人間の部族との間で和解の話しあいをしてもらう」。部族間で協議をし、加害者が被害者に支払う賠償金である「血の代償」の金額を決め、それを払えば話がつく。和解しなければ、「血の復讐」という部族の復讐のルールが働いて、被害者の部族または家族に命を狙われることになる。「血の代償」の金額が決まれば、部族の中で金集めをする。

部族は地方を拠点にしているが、首都バグダッドなどの都会に住んでいるイラク人も、困った時に頼るのは故郷の部族だという。個人にとっての保険のような役割を果たし、強権体制のもとでも、個人の間の問題を解決する仕組みとして残っていた。

波及する部族ネットワーク

イラク戦争でフセイン体制が崩壊し、さらに「アラブの春」でエジプト、チュニジア、リビア、シリアと強権体制が破綻する動きの中で、部族は、より大きな役割を担うようになった。

2015年夏、アルジャジーラ・テレビで「イラクとシリアの紛争での部族カード」というテーマの討論番組があった。イラクのスンニ派「イラク部族評議会」事務局長ヤヒヤ・サンボルが「部族は社会の土台であり、国家が分裂すると、人々は庇護《ひご》を求めて部族に目を向ける。部族は血縁に基づいたものであり、部族独自の法と秩序を持ち、メンバーを守る役割を担う」と語った。さらに、「国家が強い時は部族の役割は弱くなり、社会の秩序や公正は国の機関によって維持され、人々も国に頼るようになり、部族長の権威は象徴的なものとなる。しかし、国の法が公正を欠くようになれば、人々は部族の法に頼るようになる」と補足した。2014年6月に「イスラム国」がモスルを陥落させた時、シーア派主導政権の抑圧的な政治に反発したスンニ派部族が「イスラム国」と共闘したことは先に書いた通りだ。

一方、シリア内戦にもスンニ派部族が絡んでいる。「シリア革命発祥の地」と呼ばれる南部ダラアでは、2011年3月に「民衆は体制の崩壊を求める」という落書きをした10代の少年たちが警察に拘束され、それが大規模な反政府デモにつながった。少年たちはダラアで影響力を持つ部族に属しており、治安部隊がデモ隊に銃撃したことが、さらなるデモの拡大へとつながった。

さらに、「イスラム国」がシリア側の〝首都〟としているラッカはスンニ派部族の影響力が強い地域で、ダラアでの治安部隊と部族の衝突が部族ネットワークで波及した結果、地元の反政府勢力が政権軍を追いだし、〝解放〟した。イラクから入ってきた「イラク・シリア・イスラム国（ＩＳＩＳ）」がラッカを支配下に置くのは、反政府勢力が政権を排除した後である。

「スンニ派の革命なのに、世界はなぜ『イスラム国』しか見ないのか」

「イスラム国」は２０１４年６月の樹立宣言で、「ターグート（不信仰者、偶像崇拝者）の国境は取り除かれる」として、１９１６年に英国、フランス、ロシアが合意したサイクス・ピコ条約に由来するイラクとシリアの国境の排除を掲げた。

しかし、イラクという押し付けられた国境の中で異なる民族、宗教・宗派を強権で束ねていたフセイン体制が崩壊し、分裂した時に、すでに国境線は意味をなさなくなっていた。

クルド人が実質的な独立に向けて動き出す一方、イラクの政権を主導したシーア派を支えたのは隣国イランだった。イランの革命防衛隊はスンニ派とシーア派の抗争でシーア派民兵を支援した。さらにシリア内戦が始まると、劣勢になったアサド政権を支援した。革命防衛隊の空軍が参戦し、２０１３年春にはレバノンのシーア派武装組織ヒズボラの地上部隊が参戦した。イラクのシーア派民兵も援軍に入った。

イラク戦争後にイランが影響力を広げることについて、ヨルダンのアブドラ国王が「シーア派三日月地帯」と呼んで警告したことがあった。当時はそれを真に受ける者はいなかったが、シリア内戦によってイランが影響力を行使する「シーア派ベルト」が出現した時、アブドラの警告は現実となった。「イスラム国」がイラク、シリアの国境を超えてカリフ国を宣言する前に、シーア派はイランからレバノンまで国境を超えて連携していた。国境を超えてシーア派に抑えこまれる形になったスンニ派が、国境を超えて対抗するのは当然の流れだった。

スンニ派はイラクでは少数派だが、シリアでは60％を占める多数派であり、イラクとシリアの国境を超えて広がる大部族もある。イラクはイラク戦争によって、シリアは「アラブの春」が引き金となった内戦によって、それぞれ欧米が押し付けていた国境の枠の中で「国」を維持していた独裁体制が国を維持できなくなった。その時点で、サイクス・ピコ条約は破綻したのである。シーア派はイラクとシリアの国境を超えて連携し、その結果、苦境に立たされたスンニ派も国境を超えて連携した。そのような国家の崩壊状態に、「イスラム国」は「ターゲートの国境の否定」というイスラム的な意味を与えただけと見ることもできる。

前述したように、「イスラム国」がモスルを制圧した時、私は、モスルに隣接するクルド地区アルビルに行き、バグダッド周辺から逃げていたスンニ派部族組織の幹部たちに取材した。その時、ある幹部が「これはスンニ派の革命なのに、世界はなぜ『イスラム国』しか見ないのか」と憤慨した。

スンニ派部族から見れば、シーア派マリキ政権の抑圧政策に対してスンニ派部族が立ちあがったことが大きな出来事で、「イスラム国」によるモスル制圧はその一部という認識である。イラクのスンニ派部族勢力は、シーア派自体を敵視しているわけではない。しかし、「イスラム国」の出現があまりに衝撃的で、その手法があまりに残虐だったため、「イスラム国」がすべての問題を主導しているかのように、欧米や日本では受けとめられた。だが、「イスラム国」はイラク戦争後に起こった中東の混乱の産物だ、ということを忘れてはならない。

フセイン体制崩壊による民族、宗教・宗派の分裂によって、スンニ派が権力から排除されて窮地に立つことがなければ、スンニ派を足場とする「イラク・イスラム国」が創設されることはなかった。シリアが内戦で分裂しなければ、「イラク・シリア・イスラム国」としてシリアに勢力を拡大することもなかった。そして、イラクのシーア派マリキ政権による抑圧政策に対してスンニ派部族が反乱を起こす動きがなければ、「イスラム国」がモスルを制圧することもなかったはずである。

「スンニ派の受難」が生じる背景

世界は「イスラム国」を軍事的に抹殺することに躍起になっている。確かに、キリスト教徒に対する抑圧や少数派のヤジディ教徒への迫害、日本人の湯川さん、後藤さんを含む民間人、ジャーナリストや援助関係者の残忍な処刑、軍人と民間人を区別しない大規模テロの実施など、「イスラム国」の行動と脅威は、重大である。

しかし、「イスラム国」には、本書第4章でとりあげたように、「アラブの春」であふれた若者たちの熱いエネルギーが流れこみ、また、第5章でとりあげたように、旧フセイン体制下の治安情報機関が自分たちの生き残りのために参加している。部族対策もまた、旧フセイン体制で情報機関が体制維持のために担っていたものである。「イスラム国」を軍事的に排除すれば片付くほど、簡単でも単純でもない。

「イスラム国」が広大な支配地域を持ち、アラブ諸国や欧米からも多くの戦闘員を集めて、中東に出現したのはなぜかと考えなければならない。

「イスラム国」によるモスル制圧を支えたのは、イラクのスンニ派部族勢力であり、そこには「スンニ派の受難」という現実がある。「イスラム国」を排除しても、スンニ派の受難が終わるわけでもないし、不満や怒りが収まるわけでもない。スンニ派部族が「受難」と考えている状況を終わらせることが、「イスラム国」を孤立させることになるはずだ。

では、イラクのスンニ派が抱いている怒りとは何か。

イラクは国庫収入の95％を原油に依存する。原油は南部のシーア派地帯と、北部のクルド人地域にある。原油生産は２０１５年に日量３００万バレル台で、湾岸戦争前の３５０万バレルには達しないものの、イラク戦争直後の２５０万バレルを上回っている。

原油生産はそれなりに回復しているが、国民生活に反映されてはいない。生活の悪化を示すのは、電気の供給である。２０１５年８月、バグダッドに住む知人と連絡をとった時に「公共の電気が来るのは1回1時間が4回から5回で、1日に4、5時間しかない」と、電気事情のひどさを語ってくれた。停電している間は、大型発電機を所有する業者から1アンペア単位で電気を買っている。1アンペアは1ヶ月17ドルで、知人の家では10アンペアを買い、日本円に換算して月2万円弱の電気代を支払っているという。だが10アンペアでは、電灯、冷蔵庫、扇風機、送風機などを稼働させるのが精一杯で、冷房を稼働させることはできない。同年8月は最高気温が48度、49度の日が続くという殺人的な暑さで、現地では毎日、乳幼児や老人の死亡が報じられているという。深刻な電力不足の原因は、電源開発に回される国の資金が途中で消えて、プロジェクトに回らないという腐敗の構造にある。イラク戦争以降の10年間で270億ドル（2兆7000億円）が電源開発プロジェクトにつぎこまれたが、電力事情は改善していない。

なお、私が話を聞いた知人はバグダッドに住むシーア派である。2015年夏、バグダッドではシーア派民衆による激しい反政府デモが連日続いた。首都バグダッドがこの状況なのだから、スンニ派地域はさらにひどい。

生活の困難さを表す別の指標は、15%台の失業率だ。政府関係の就労が大きな割合を占めるイラクでは、政府を押さえるシーア派の住民はコネがあれば政府関係の就職もあるが、それがないスンニ派地域の失業率は、全国平均の倍になるといわれる。特に若者（15歳～24歳）の失業率は、2014年で平均35%。スンニ派地域ではさらに高くなる。2015年夏、トルコから違法な手段で地中海を渡る難民たちが大きな問題になった時、私はイスタンブールで難民たちの取材をした。多くがシリア難民とイラク難民だったが、イラク難民はスンニ派地域からきた若者たちであり、口々に「イラクでは仕事がない」と訴えた。

スンニ派地域の民衆が「スンニ派の受難」ととらえる苦境は、イラク戦争後の政府の失政と、政府でのシーア派偏重という二つの要素が絡んでいる。問題解決のためには、スンニ派を公正に政府に組みこみつつ、イラクそのものを立て直すしかない。

「イスラム国」の独自財源と地元対策

広大な地域を支配する「イスラム国」の収入源については、さまざまなリポートがある。

２０１４年６月にモスルを制圧した後、イラク中央銀行から４億２５００万ドルを手に入れた、という報道もあった。16年４月にはロイター通信が、米分析会社ＩＨＳの推計として、同年３月の収入は５６００万ドルで、15年半ばには月８０００万ドルあった収入が減少したと報じた。

収入の大きな柱は税収と石油収入で、全体の９割を占める。石油収入は43％で、シリアのデリゾール油田など支配地域から産出される原油生産は日量２万１０００バレル。米国主導の有志連合などによる生産施設空爆で、２０１５年半ばの日量３万３０００バレルから減少しているという。ほかに麻薬密輸や売電、寄付などによる収入もあり、イラクやシリアの古代遺跡の遺物を密売しているなどという話もあるが、事実のほどはわからない。

「イスラム国」は空爆によって打撃は受けているものの、なお、８割の支配地域を維持しているとみられる。シリア東部デリゾールの油田から得る石油収入を使って、道路整備や飲料水・

電気の提供などのサービスや便宜供与を行なうことで支配地域の部族の忠誠をとりつけ、その部族の若者を「イスラム国」の戦士にしたり、地域のサービス担当者として取り立てたりするような地元対策をとっていることが報告されている。

デリゾールでは、原油が出るいくつかの井戸について、その地域にいる部族に高い分け前を提示して、忠誠を得ているという話も出ていた。アルカイダが湾岸諸国などの支援に依存していたのとは異なり、「イスラム国」は独自財源を持つことで、自立した組織となっている。もちろん収入といっても、それで電気や水道など住民サービスをすべて賄えるほどのものではないことは明らかだ。しかし、イラク政府の破綻状態やシリア内戦による荒廃によって、「イスラム国」の独自財源が戦士を維持し、住民をつなぎとめるために一定の意味があることも疑いない。

シーア派民兵によるスンニ派住民への暴力

「イスラム国」と戦う有志連合は、米軍発表によると、2016年7月下旬までにイラク側9400回、シリア側4700回、計1万4100回の空爆を行なった。空爆のほかに、米国はイラクに軍事顧問団を送って、イラク政府の対テロ戦争を支援している。一方、シリア側の中心都市ラッカやアレッポ郊外では、米軍が支援する反体制組織「シリア民主軍」による「イスラム国」掃討作戦が進行中で、有志連合は空爆で進軍を援護している。

イラク政府は、2015年3月、バグダッドの北にあるサラハディン州の州都ティクリートを、さらに同年12月に西のアンバル州の州都ラマディを「イスラム国」から奪還し、16年6月中旬には、バグダッドの西方60キロにある都市ファルージャを奪還した。

ファルージャは14年春、「イスラム国」が樹立を宣言する前のISISが入りこみ、政府の支配はきかなくなっていた。ファルージャ奪還作戦は5月末に始まり、制圧までに3週間を要した。この奪還作戦では、作戦に参加したシーア派民兵の存在に注目が集まった。

シーア派民兵にはバドル軍団、アハルハック連合、サラーム軍団などいくつもの組織があるが、武器や資金面でイラン革命防衛隊の支援を受け、その指揮下にある。民兵は14年にモスルが「イスラム国」に陥落した後、「民衆動員部隊」と総称されるようになった。サウジアラビア系のアラビア語衛星放送アルアラビーヤによると、アンバル州のラウィ知事が6月12日に、「6月3日から5日の間に、ファルージャから出てきた住民のうち男性643人がシーア派民兵に拘束され、49人が死んだ」と発表したという。

ファルージャでのシーア派民兵による民間人への虐待行為は、米国に本部を置く「ヒューマン・ライツ・ウオッチ（ＨＲＷ）」の報告書にも出てくる。それによると、イラク連邦警察と民衆動員部隊がファルージャ北部の村から逃げてきた10人以上を処刑したという。生存者によると、ある村では、住民は男女に分けられ、男性は一列になって部隊の前に行進させられて、少なくとも17人が銃殺された、と説明した。

「民衆の中に『イスラム国』戦闘員が紛れこんでいる」というのがシーア派側の言い分だが、シーア派民兵によるスンニ派住民への暴力は、フセイン体制時代にスンニ派がシーア派を弾圧したことへの報復の意味を持つ。さらに、戦争後に噴き出したスンニ派とシーア派の宗派抗争で、「イスラム国」やその前身の「イラク・アルカイダ」がシーア派地域で自爆テロを繰り返したことへの報復でもある。民兵組織は、軍や治安部隊のように指揮命令が厳格ではないため、シーア派が抱くスンニ派への報復的な感情が、虐殺や略奪、住居破壊などにつながりやすい。

非情な政府と、残酷な「イスラム国」の板挟みで苦しむ市民

ファルージャ奪還作戦にシーア派民兵が介入したことについて取材するため、私は、イラク治安筋に近いスンニ派の政府関係者と連絡をとった。

その関係者は、イラク政府が民兵の介入を抑えられないことについて、「イラク政府には

『イスラム国』との戦いで、軍、警察・治安部隊、対テロ部隊などによる政府の統一作戦本部があるが、民兵の統一作戦本部は別にあり、民兵の動きに政府の意向は通らない」と語った。民兵の作戦本部には、民兵組織幹部やイスラム組織代表などのほかに、イラン革命防衛隊の関係者が入っているものの、イラク政府や軍、治安部隊のメンバーは入っていないという。「民兵の動きは、イラク政府ではなく、イランの指令の下にある」というのである。

イラン革命防衛隊は、イラン国内ではシーア派のイスラム革命を守る立場で、対外的にはレバノンのシーア派組織ヒズボラを支援し、さらにシリア内戦ではヒズボラとともにアサド政権軍を軍事的に支援している。イラクの対「イスラム国」戦争でも、イラン革命防衛隊がイラクのシーア派民兵の背後にいることで、イラク政府の抑えがきかなくなっている。今回のファルージャ奪還作戦にあたって、アバディ首相は「民衆の保護」を約束したが、実際にはシーア派民兵の暴走が起こってしまった。2015年3月のティクリート奪還でも、「イスラム国」を排除した後にシーア派民兵による報復的な大規模破壊がティクリートや周辺の町村で行なわれ、さらに民衆に対する殺害や暴力も報告されていた。

HRWの2016年4月の報告によると、ファルージャは、15年12月の州都ラマディの陥落後に政府による包囲を受け、市内では食料不足や医薬品不足が深刻になり、140人の老人や子供が飢餓や病気の悪化のために死亡した、とされていた。「イスラム国」は市民が市から出ることを禁じ、出ようとする市民が殺害される例もあったという。まさに市民は、非情な政府と残酷な「イスラム国」の間に挟まれて身動きのとれない状態に陥っていた。

その後の政府による掃討作戦は、ファルージャ民衆の苦難を終わらせるチャンスでもあったが、シーア派民兵が入ってスンニ派民衆を殺害したことは、「イスラム国」の支配下にあったスンニ派民衆をさらなる絶望に追いこむことになる。

イラクやシリアでの「イスラム国」との戦いについて情報収集と分析を継続的に行なっているワシントンの「戦争研究所（ISW：Institute for the Study of War）」は、「イラクはファルージャ奪還で軍事的な成功を手にしつつあるが、政治的には失敗に向かっている。宗派間抗争の引き金となりかねず、スンニ派勢力と和解しようとするイラク政府の努力を損なうことになろう」と批判的に評価した。政府にとっての政治的な失敗とは、国民統合の失敗ということも含む。ファルージャ奪還から2週間後の7月3日、バグダッドで200人を超える死者を出す最悪の爆弾テロが起こったことに、「イスラム国」を軍事的に排除しても、問題の解決につながらないイラクの救いのない状況を見る思いがした。

米軍の反体制支援策は「スンニ派の受難」を解決しない

シリア側の「イスラム国」との戦いに目を向けるならば、ラッカに向けて掃討作戦を主導するのは、米軍が支援する反体制組織「シリア民主軍」であり、アラブ人やトルクメン人も含まれているとはいえ、主力はクルド人民防衛隊(YPG)である。

YPGは、2014年秋、トルコ国境に近いシリア北部の要衝アインアルアラブ(クルド名:コバニ)で「イスラム国」との攻防戦を戦い、15年1月に「イスラム国」を撃退したことで知られる。米軍はYPGを支援し、空爆でも援護した。YPGは16年3月、シリア北部で一方的に「連邦制」を宣言し、クルド地域国家を創設する意思表示をした。

シリアでの米軍の反体制支援策は迷走した。米国はアサド政権の打倒を掲げながらも、実際には「イスラム国」との戦いを優先した。政権軍から寝返った将兵でつくられる自由シリア軍を強化しようとしたが、指揮命令系統は分裂。一方で、反体制勢力として力を持ったのは、アルカイダ系の「ヌスラ戦線(現シリア・ファトフ戦線)」や「アハラール・シャム」などイスラム過激派組織だった。

米軍は2015年5月から「穏健な反体制派」を訓練し、武器を与え、年間5400人、3年間で1万5000人規模の反政権軍を創設するプログラムを始めた。しかし、訓練できる人員が集まらないことや、提供した武器がアルカイダ系組織に流れることなどを理由に、9月下旬にプログラムを停止した。その後、既存の組織に武器を提供する方策に転換し、出てきたのが、クルド人が主力の「シリア民主軍」だった。「穏健な反体制派」の創設を放棄した後、米軍が利用できるのはＹＰＧしかなく、ＹＰＧを主力として、アラブ部族を参加させてつくったことは見え見えだった。アラブ有力紙の中には、「シリア民主軍が制圧した地域は、クルド人の支配下に置かれてしまう」と警告する論調も出た。

結局、米国が進めている対「イスラム国」軍事作戦は、「イスラム国」がスンニ派地域で支配を広げる要因となっている「スンニ派の受難」を解決する方向ではなく、イラクではシーア派を支援し、シリアではクルド人を支援して、「イスラム国」を排除する方向に向かっている。これでは、スンニ派はシーア派やクルド人に従属する形になり、問題は解決しない。

「イスラム国」が残酷であることに疑問の余地はないが、だからといって、シーア派民兵やクルド人民兵が穏当だとか、人道的だということは全くない。ユーチューブで、アラビア語で「スンニ派の受難」「スンニ派の悲劇」とキーワードを入れれば、イラクとシリアの動画がずらりと出てくる。その中には、イラクのシーア派民兵組織の記章をつけた武装集団が、スンニ派と見られる男性を吊《つ》るして焼く場面を映したものもある。

シーア派主導（イラク）で、あるいはクルド人主導（シリア）で、それぞれ「イスラム国」が軍事的に排除されても、「スンニ派の受難」は解消されるどころか、さらに深まることになる。これでは、イラクやシリアが安定に向かい、世界がより平穏になるとは、到底思えない。

「イスラム国」に参加するのは、「過激思想に傾倒する者」だけではない

「イスラム国」が世界の脅威とされている要因に、アラブ諸国や欧米から「イスラム国」に参加する外国人戦士の問題がある。

米国陸軍士官学校の「対テロセンター（CTC：Combating Terrorism Center）」などの推計によると、2015年の段階で、「イスラム国」には3万人以上の外国人戦士がいて、欧米からも6000人以上が入っているという。内訳は、▽チュニジア6000人▽サウジアラビア2500人▽ロシア2400人▽トルコ2100人▽ヨルダン2000人▽フランス1700人▽モロッコ1200人▽レバノン900人▽英国760人▽ドイツ760人▽エジプト600人▽ベルギー470人——などとなっている。

なぜ、これほど多くの若者たちが「イスラム国」に入っていくのかについては、欧米でもさまざまな分析や研究があるが、まだ包括的な調査報告は出ていない。

2008年、米軍と戦うためにイラクに入ろうとしたサウジアラビア人の若者にインタビューをしたことがある。その若者は「米軍がイラクのファルージャのモスクに入って、イラク人を殺傷する場面をアルジャジーラ・テレビで見てショックを受け、3日間、眠れなくなった。米軍と戦いに行くしかないと思った」と語った。当時、イラク駐留の米軍と戦う彼のような存在は3000人から4000人いるとされ、アルカイダ系組織の自爆攻撃に参加して死んだ者もいた。自爆攻撃を決行する前に残したビデオメッセージなどがインターネット上に流れてもいた。

サウジアラビア人の若者は、いろいろな伝手《つて》を探して、一つの電話番号を入手したという。「ダマスカスについたらここに連絡しろ」と言われただけで、相手が何者かも知らされなかったが、そのままリヤドからダマスカス行きの長距離バスに乗った。バスはヨルダン経由でシリアに入り、ダマスカスに到着して与えられた電話番号に連絡すると迎えがきて、アパートに連れていかれた。「ここで待て」と言われて数日を過ごし、その後、手配師の指示に従って、シリア東部の交通の要所デリゾールに連れていかれた。ところが、イラク側の状況が悪化し、国境を越えることができないまま約1ヶ月が過ぎた。若者は、結局、出直すためにサウジに帰国した。サウジに戻った時に国境で取り調べを受けて逮捕され、刑務所に入ったという。

私が話を聞いたのは、若者が刑務所を出た後である。彼の話は、非常に具体的でリアリティがあった。イスラム教徒の若者が、別の国の出来事であっても、同じイスラム教徒の同胞に起こっている悲劇に心を痛め、行動に駆られるという心情が伝わった。なお、若者はイラクでの対米ジハードに参加することについて、宗教の話は一切しなかった。「ジハード」とも言わなかった。ただ、「同胞を助けなければならないと思った」と言っただけだ。特別にジハード思想や過激思想を持っているとは思えなかった。

彼の話から、私は、2002年にエルサレムに駐在していた時に聞いた、イスラエルで自爆しようとして失敗したパレスチナ人の若者の話を思い出した。

それは、ヨルダン川西岸のジェニンに住むパレスチナ人の若者だった。イスラエル軍によってジェニンの難民キャンプが大規模に破壊され、多くのパレスチナ人が死んだ。その直後、若者は難民キャンプに食糧などを持っていって支援活動をした時に衝撃を受け、イスラエルへの自爆を志願したという。若者は拘束中でありイスラエルの病院のベッドに手錠でつながれていたが、自爆しようとした様子を詳しく語った。それまで過激思想に傾倒していたわけでもなく、過激派とのつながりもなかった。ただ、「私は耐えられなかった」と語った。

ジハードに参加する者と過激思想は関係ない、というつもりはない。若者たちの素朴な怒りをジハードという形に結び付けるのが、イスラム過激派であることは疑いない。ただし、私が直《じか》に話を聞いたサウジ人とパレスチナ人の2人の若者の話から伝わるのは、ジハードに参入する若者たちにとって、過激思想への傾倒は必要条件ではないということだ。それは、本書第4章で紹介した、エジプト人のサラフィー主義の若者が、シリアに人道支援で入って銃をとったことについて、家族が「民衆の救援のために銃をとった」と語ったこととも通じる。

若者が「イスラム国」に参加する動機

シリア内戦でイスラム過激派として参入する若者たちの動機に焦点をあてた調査・分析として、レバノンの調査機関カンタム（QUANTUM）が2015年3月に出した報告書がある。イラクやシリアの戦闘に参加中の者や、収監されたり離脱したりした49人のインタビューをもとに分析したものである。包括的とはいえないが、ジハードに参加する者の直接の声を通して理解しようという試みとして、欧米メディアにもとりあげられ、注目されている。

調査ではインタビューを分析し、「イラク・シリアの内部参加者」「アラブ諸国からの外部参加者」「欧米諸国からの参加者」と出身地域別に分けて、何を追求して過激派に参入したかという動機を、「社会的地位（金銭・就労など）」「アイデンティティ」「報復」「イデオロギー」

「贖罪《しょくざい》」「冒険心」「正義感」「殉教意識」などと分類している。

分析によると、「イラク・シリアの内部参加者」では「社会的地位（金銭・就労など）」を追求する者が55％で、「責任感」と「復讐」の追求がそれぞれ14％で続く。参入の理由は、「金銭」「ジハード意識」「友人の影響」が17％ずつで並んでいる。半分以上の若者が、「イスラム国」に参入することで支払われる給料や就労機会を追求するパターンとなっているのは、若者の失業率が非常に高いイラクのスンニ派の若者たちの状況を映す結果となっている。

それに対して、「アラブ諸国からの外部参加者」では、何を追求するかは「正義」（23％）、「冒険心」（22％）、「社会的地位（金銭・就労など）」（22％）となっている。参入の理由は、「イスラム教徒同胞の支援」（45％）、「アサド政権との戦い」（27％）、「ジハード」（14％）である。調査報告書の中では、アラブ諸国の若者の「私は外国（欧米）に留学していて、ソーシャル・メディアを通じてニュースを見ていた。私が（ジハード組織に）参加する動機となったのは、イスラム教徒の同胞たちを助けたいという思いだ」という言葉が紹介されている。

「欧米からの参加者」については、「アイデンティティ」追求が62％と圧倒的に多く、「冒険心」（13％）、「社会的地位（金銭・就労など）」（13％）が同数で続く。参入の理由は「イスラム教徒同胞の支援」（32％）、「西洋的価値の拒否」（21％）、「ジハード・イスラム法の実施」（16％）、

「アサド政権との戦い」（11%）などとなっている。欧米からの参入者が、イスラム教徒としての「アイデンティティ」を追求して、シリア・イラクのイスラム過激派に参加する傾向が強いことがわかる。

調査対象が少ないため、これで全体を語ることはできないが、以下のような際立った特徴が出ている。

①イラクやシリアの中から「イスラム国」などに参加する若者たちには「お金や職」を求める傾向が強い。
②アラブ諸国からの外部参加者には「イスラム教徒同胞の支援」の思いが強い。
③欧米からの参加者には「アイデンティティ」追求型が多い。

特に、アラブ諸国や欧米からの参加者について「イスラム教徒同胞の支援」が目立って高いことは、現地で「イスラム国」が影響力を持つ理由となっている「スンニ派の受難」が、アラブ諸国や欧米のイスラム教徒にも共有されていることを示す。

逆に、「イスラム国」が打ち出す「カリフ制」の樹立や「イスラム法の実施」というような

「サラフィー・ジハーディ」の運動への傾倒は、アラブ諸国の参加者も、欧米の参加者も10％台にとどまっている。

「受難」と「救援」の関係

この調査結果を見ても、若者たちがジハードに参画する主な理由は、「カリフ国」を実現するという「理想やイデオロギー」よりも、「苦境にある同胞への支援」という、イラクやシリアでの状況に突き動かされたものだと考えざるを得ない。

イラクやシリアの若者たちが失業に苦しみ、現実的な理由で「イスラム国」など過激派組織に入ることを考えれば、アラブ諸国や欧米のイスラム教徒の若者の参入理由の第1位となる「同胞の支援」も、単なる同情ではなく、サウジアラビア人の若者が「3日間眠れなかった」と語ったように、「スンニ派の受難」を目にすることが、精神的に追い詰められるような現実的インパクトを持つものだと理解しなければ、問題の所在は見えてこない。

ここで、2014年9月に、「イスラム国」の報道官アドナニが発した「有志連合の市民を殺害せよ」という声明にあった、次のようなくだりを思い起こす。

「あなたたちはイスラム教徒の女性たちや子供たちが昼夜なく続く十字軍の爆撃機の轟音を恐

れて震えている時に……あなたたちはあなたたちの兄弟を助けることなく、……彼らによる数多くの空爆に対して何かしようとすることもなく、人生を楽しみ、安眠を得ることができるというのだろうか？」

このくだりは、イラク戦争後の米軍によるファルージャ攻撃をテレビで見て、「3日間、眠れなかった」サウジアラビア人の若者の言葉と恐ろしいほど符合する。アドナニは実際にアラブ諸国や欧米から「イスラム国」に参入してくる若者たちに聞き取りをして、イスラム青年の感情に訴えるようなメッセージを発信したのではないか？とすら思える。

なぜ若者たちは「イスラム国」に向かうのか、という問いを考える上で、まず「同胞（スンニ派）の受難」があり、それに対して「救援」に向かうという流れがある。このような「受難」と「救援」の関係は、チェチェン紛争やボスニア内戦、カシミール紛争でもあり、アフガニスタンやイラクの戦争でもあった。しかし、ほとんどの場合は、武装組織を介しての組織的な動きだった。それがシリア内戦では、組織ではなく、個人として参入する動きが出ている。それが、トルコやレバノンを経由してシリア国境を越えて「イスラム国」に参入する流れとなっている。

現地の悲惨な状況を伝える市民ジャーナリスト

シリア内戦がこれまでの紛争と異なるのは、インターネットによる情報発信と拡散である。情報が伝わるというだけでなく、情報の発信の在り方で、革命的な変化があった。具体的には、シリアの反体制地域で広がった市民ジャーナリズムの動きである。

２０１６年８月中旬、シリア政権軍とロシア軍の空爆が続く北部アレッポで、住宅地への空爆で崩れた住宅から、５歳の男の子が救助隊員に抱かれて救急車に収容され、椅子に座らされる映像が米国のCNNテレビで流れた。頭も顔も粉のような埃《ほこり》をかぶり、左目の周りは血が出て赤くなっている。男児は泣くこともなく、目を見開いたまま、放心したように動かない。この映像を紹介したCNNの女性アンカーは、涙で声を詰まらせた。

この映像は衝撃的ではあるが、映像の残酷さの度合いからいえば、欧米メディアで放送できる範囲である。映像には「AMC（アレッポ・メディア・センター）」の文字が見える。映像を撮っているのは、シリアの反体制地域で活動する市民ジャーナリストたちだということがわかる。

私は、シリアで活動する市民ジャーナリズムのことを調べていて、ハディ・アブドラという有名な市民ジャーナリストが６月上旬に撮った映像を見た。救急隊員が集まり、鍬《くわ》で瓦礫《がれき》を取り除いている。「急ぐな、少しずつ、少しずつ」と声をかける隊員の白いヘルメットの間から、瓦礫に埋もれたマネキン人形のように白い粉をかぶった顔が見える。鼻から血が出ている。「小さい女の子だ。気を付けろ」と声があがる。周りの瓦礫を取り除くと、女児の身体半分が露《あらわ》になる。さらに右足、そして左足と瓦礫から引き出される。少女は手も足もだらりと垂れている。隊員が少女を抱きあげると、「アッラー・アクバル（神は偉大なり）」と、見守っていた住民の間から次々に声があがった。隊員は女児を抱いて救急車に運ぶ。カメラは女児が掘り出され、救急車に運ばれるまでの一部始終を追う。

救出作業の現場を背景にして、アブドラがマイクを持ちリポートをする。「ラマダーン5日目の10日、早朝からアレッポの住宅地への空爆が続き、ここジャズマティ地区では、少なくとも3人が死亡し、3人が負傷しました。加えて、いま救助作業が進行中ですが、1家族が瓦礫の下にいます。空爆による新たな虐殺が起こりました。アレッポの市民は夜昼なく続く空爆に眠ることもできません」。

アブドラは下敷きになった家族の父親と見られる男性にマイクを向ける。「全く無差別の攻撃だ。犠牲になったのは民間人だ。それも女や子供だ。幼い女の子はわずか3歳だ」と男性は声を張りあげ、手ぶりを交えて訴える。画面は、先ほど瓦礫から引き出された女児がベッドに寝かされ、心臓マッサージを受ける場面に変わるが、父親の悲痛な叫び声は続く。「3歳の子供がなぜ、殺されなければならないのか。何をしたというのだ。毎日、毎日、空爆が続く。なぜ、こんな不正が許されるのか。アラブ諸国は何をしている。国連は何をしている」。

3分ほどの動画だが、アサド政権とロシア空軍による空爆が続く、反体制地域の悲惨な状況を凝縮して伝えている。CNNで放送された男児の映像は瓦礫の下から救出された後のものだが、アブドラが撮影しているのは、瓦礫の下から救出される過程の場面であり、思わず目をそむけたくなる。この画像は、ユーチューブや、アブドラのフェイスブックやツイッターには掲示されているが、欧米のメディアには流れていない。

毒ガス兵器の悲惨に国連安保理大使らが涙する

2015年3月半ばにシリア北西部イドリブ県サラミンであった毒ガス攻撃で、仮設病院に搬送された子供たちに救命処置を施す生々しい映像が、同年4月、ニューヨークの国連安全保障理事会の非公式会合で上映された。おむつを付けた乳児の胸を看護師が必死でマッサージする。隣のベッドでは、別の乳児が鼻孔から泡を吹き、瞳孔《どうこう》が開いている。別の3、4歳の女児も意識がない。「ちょっと待って」と女医が1人の乳児の胸に聴診器を当て、「もういい。死んでいる」という声が聞こえる。

この映像のクレジットは「サラミン調整委員会」で、映像を撮っている市民ジャーナリストと見られる男性が状況を説明するナレーションが入っている。映像を見た後、サマンサ・パワー米国連大使は「その場にいた誰もが涙を流した」と語った、と報じられている。

シリア反体制地域のすべての都市で、空爆であれ、銃撃であれ、爆発であれ、地元の市民ジャーナリストが現場や診療所に駆け付けて状況をビデオに撮り、ニュースとして発信する仕組みができあがっている。その映像は、アルジャジーラやアルアラビーヤなどアラブ世界のメディアに流れ、時には欧米のテレビなどにも出る。さらに、反体制地域には数多くのアラビア語インターネットニュースサイトやテレビ局、ラジオ局が生まれている。「オリエントTV」「ハラブ・ヨウム（今日のアレッポ）」、アラビア語ニュースサイト「シャバカ・シャム（シリア・ネット）」「スマート・ニュース」「サダー・シャム（シリアのこだま）」など、その数は数えきれない。また、ユーチューブやSNSでは、さらに生々しい映像が日々、更新される。

このように、さまざまな媒体を通じてシリア内戦の反体制地域の情報が発信されるのは、反体制地域の人々にとっては戦争情報が生活情報であり、国外に出ている500万人のシリア難民たちにとっては、目が離せない故郷の情報であり、自分たちの親類や知人たちの情報となっているためである。欧米の視聴者は、アレッポで救出された男児の映像のように、時折、テレビで流れる現地の生々しい映像で衝撃を受けるが、アラブの民衆や、欧米にいるアラブ系の人々は、シリア内戦のもっと悲惨な映像をインターネット経由で日々見ているのである。現地からの映像は、アラブ諸国連盟20ヶ国の母国語であるアラビア語で発信されるため、シリア人のみならずアラブ世界や欧米のアラブ人も見ることになる。人々の生々しく悲痛な叫びや訴えの声に満ちたそれらは、「同胞の受難」として見る者には夜眠ることができなくなるような映像ばかりである。

民間人を最も多く殺しているのは政権軍とロシア軍である

反体制地域のメディアが伝える悲惨さは、数字でも裏付けられている。

シリアの反体制地域で活動する「シリア人権ネットワーク（SNHR）」が集計している、反体制地域での民間人の死者は、2015年と2016年6月までの1年半で、計2万2938人。民間人を殺害した勢力ごとに集計すると、▽アサド政権1万5461人（67・4％）▽ロシア軍2210人（9・6％）▽イスラム国2130人（9・3％）▽自由シリア軍など反体制武装勢力1534人（6・7％）▽有志連合398人（1・7％）▽クルド人武装勢力210人（0・9％）▽ヌスラ戦線（シリア・ファトフ戦線）110人（0・5％）▽不明885人（3・9

%）――となっている。民間人の死者のうち、子供4760人（全体の20・8%）、女性3555人（15・5%）で、計8315人（36・2%）の高い割合となっており、そのうち、政権軍とロシア軍によるものは、計6438人（77・4%）を占める。この数字は、SNHRが確認できたものの集計で、すべての犠牲者を網羅しているわけではない。SNHRがスタッフを置いている反体制地域での数字である。

民間人の死者の3分の2が政権軍によるもので、政権支持のロシア軍がそれに続き、合わせると77%になる。政権軍とロシア軍による反体制地域の民間人死者が多いのは、双方による住宅地への空爆と、政権軍による巨大な樽爆弾の投下によって、無差別殺戮となっているためである。特に、子供の死者総数4760人のうち、政権軍とロシア軍による死者は3751人（78・8%）を占める。毎日平均7人の子供が、政権軍とロシア軍の空爆で死んでいる計算になる。

SNHRは、「イスラム国」による自爆攻撃や厳しいイスラム法の適用による斬首などの処刑についても人権侵害として批判しているが、全体の民間人死者では10%を下回る割合となっている。国際社会では諸悪の根源のようにいわれる「イスラム国」だが、民間人の死者は、政権軍やロシア軍による無差別空爆による死者とは比較にならない。

ＳＮＨＲや現地の市民ジャーナリストが伝えるシリア内戦の図は、「イスラム国」の蛮行を大きくとりあげることにしか目が向かない欧米や日本のメディアが伝える図とは、大きく異なる。

「イスラム国」へ向ける関心を、イラクやシリアの「現実」に向けよ

シリア内戦は、歴史上初めて、現地の人々が市民ジャーナリストとなって世界に発信している戦争である。

これまで世界に発信される戦争報道は、ほとんどが、欧米や日本のメディアやジャーナリストが紛争地に入って伝えてきたものである。しかし、シリアではジャーナリストが誘拐や殺害の標的となり、危険すぎるため、欧米メディアが反体制地域に入ることが困難になった。その代わりに、現地の市民ジャーナリストたちが、インターネットを駆使して情報を発信するようになった。

それによって、戦争のリアル（現実）がアラブ世界に拡散している。前述のレバノン調査機関が示した、「イスラム国」などのイスラム過激派に参加する動機で最も多いのが「イスラム教徒同胞の支援」だった背景には、彼らを行動に駆り立てる現実が、目に見える形で突き付け

られているということがある。

それは、アラブ世界や欧米の若者たちを「イスラム国」に参加させるだけでなく、欧米に住むアラブ系イスラム教徒の現実の一部にもなっているはずだ。

2015年11月のパリ同時多発テロのように、平和な街角にいきなり戦場を出現させるようなテロが起こり、銃撃と自爆を合わせた突撃作戦がとられる。襲撃犯は「シリア内戦の一部をパリで戦っている」という意識だろう。

本書第1章で紹介したように、パリ同時多発テロが始まってすぐ、ツイッターに「#パリは燃えている」というアラビア語のハッシュタグができ、その中に、「パリ市民よ、あなたたちは自分の子供たちが殺されたことに衝撃を受けている。同じことを、あなたの軍隊がシリアの地で行なっているのだ」というツイートがあった。アラブ人の中に、パリのテロとシリア内戦を直結させる思考の回路ができているということだ。

「イスラム国」の報道官アドナニが、有志連合に参加する欧米人を「軍人、民間人を区別せずに」殺害することを求めたことについて、アドナニの〝ジハード指令〟によってテロが起きたというよりも、欧米のイスラム教徒にはすでにシリアやイラクの戦争を自分たちの現実の一部と考える条件や思考回路ができあがっていて、「イスラム国」の声明はそれを行動に移すきっかけを与えた——という見方を、本書第2章で示した。「イスラム国」は、内戦の悲劇の情報拡散を自身の動員力に変えているのである。

世界のイスラム教徒がジハードに駆り立てられるのは、「イスラム国」が提起する「カリフ国」というイスラムの理想によってではなく、シリア内戦での「イスラム教徒同胞の受難」によってである。市民のおびただしい死がリアルに伝えられ、欧米のイスラム教徒のリアルの中に浸透している。欧米や日本はシリア内戦の激化の中で「イスラム国」を諸悪の根源と見て、空爆を強化することに躍起になっている。一方で、アラブ世界や欧米に住むイスラム教徒が見ているシリア内戦は、アサド政権が民間人を無差別に殺戮している図である。この食い違いの中で、若者たちが「イスラム国」に参加する流れができている。

米国主導の有志連合が、イラクではシーア派主導政権を、シリアではクルド人武装勢力をそれぞれ後押しして「イスラム国」を軍事的に排除しようとしていることは、「スンニ派の受難」という「イスラム国」の存立条件を逆に強化することにしかならない、と指摘した。

では、「イスラム国」の存立の条件を崩すためにはどうすればいいだろうか。

根本的な問題は、アラブ世界の若者たちや欧米にいるイスラム教徒の若者たちが自分たちの現実の一部と感じているシリア内戦の悲劇を、欧米諸国、また日本も含めて世界が、現実感を持って感じていないことにある。アレッポで瓦礫の下から救出された5歳の男の子の映像は、すでに30万人以上が死んでいるシリア内戦の悲劇の氷山の一角ですらない。

必要なことは、イラクでもシリアでも、国家を正常化させて「スンニ派の受難」を終わらせることである。イラクの正常化は、ほとんど破綻状態のイラクという国の立て直しを、スンニ派を取りこむ形で実現することしかない。シリアの正常化は、当然、内戦の終結であり、その前提として、アサド政権による民間地域への無差別空爆を終わらせる方策を国際社会が真剣に考えるしかない。また、欧米で起きる「イスラム国」絡みのテロへの対応としても、イラクやシリアでの「スンニ派の受難」を終わらせ、スンニ派部族が両国の政治を担う勢力として組みこまれることで、「イスラム国」を孤立させることが前提となる。

国際社会や世界のメディアが、現在、「イスラム国」への空爆に注いでいるエネルギーを、シリアの反体制地域で子供たちが空爆で命を落とすような痛々しい状況をなくすために注げば、「イスラム国」の存在意義はなくなるはずである。

第7章　「イスラム国」と中東への脅威

中東情勢を見る上で大切なこと

「イスラム国」の脅威を考える時、本当の深刻な問題は中東への波及であろう。

本書第3章で、アルカイダと「イスラム国」のジハード論の違いについて書いたが、アルカイダが「近い敵＝アラブの政権」に対する闘争を棚上げして「遠い敵＝米国」を標的にしたのに対して、「イスラム国」はアラブ諸国の現政権を「反イスラム」と断罪し、政権の打倒を目標にしている。

また第4章では、イラク戦争によって生まれた「イスラム国」は、「アラブの春」で噴き出した若者たちのエネルギーを吸収して肥大化したと書いた。「イスラム国」は「アラブの春」が終わって出てきたのではなく、「アラブの春」の中から出てきたものであり、「アラブの春」

は「イスラム国」という形をとって続いているということである。「アラブの春」を生み出したアラブ世界の若者たちの不満や怒りの背景にある貧富の差や就職格差など「社会的な不公正」が解消されなければ、イスラム的な公正を掲げて現体制へのジハードを呼びかける「イスラム国」という劇薬が若者たちをひき付け続けることになる。

アラブ世界では言論や報道の自由がないため、政府がどの程度、危機を抱えているのかは、政権が倒れてメディアのコントロールが利かなくなる当日まで本当の状況は見えない。2011年の「アラブの春」も、唐突に若者たちのデモという形で噴き出し、アラブ世界に革命の嵐をもたらした。フェイスブックでのデモの呼びかけにノンポリの若者たちが応えて街頭に繰り出したことで、体制崩壊につながる動きが始まったのだ。若者たちの怒りや不満は政治や社会の表に出なかっただけで、革命の条件はできていたということである。

「イスラム国」がモスルを陥落させたのも唐突な出来事だったが、中東に情報アンテナを張り巡らしているはずの欧米政府や欧米メディアが予測しない形で革命や政変や暴動が起きるのは、普段、出てくる情報が政府によって統制され、現実が表に見えないためである。

中東情勢を見る上で大切なのは、表に出ている情報をもとに、どのような情報が表面に出ていないか、別のストーリーが裏で進んでいるのではないか、と考えながら状況を見ることである。

チュニジアにおける「世俗派×イスラム派」

チュニジアが「アラブの春」の起点となったこと自体、表と裏の情報の乖離を象徴する。チュニジアはカルタゴの遺跡がある観光国で、首都チュニスにはフランス風の街並みがあり、「アラブの春」以前のベンアリ政権の下で欧化政策がとられていた。イスラムの国でありながら西洋風のカフェが並び、ブルギバ通りにはベールをしている女性はほとんどいなかった。ベンアリ政権の時にチュニジアを訪れた外国人は、ヨーロッパの街角を歩いているような気分になったことだろう。

しかしチュニジアの実態は、政府批判を封じこめ、国民を監視する警察国家だった。そんな体制は、若者たちのデモが広がり、突然、ベンアリが国外に亡命したことで脆《もろ》くも崩壊した。そして、強権体制だけではなく、欧風のイメージそのものが、ごく表層でしかなかったことが露呈したのである。

革命から9ヶ月後に行なわれた総選挙で、ムスリム同胞団系のイスラム政党「ナハダ運動」が41％の議席をとって第一党になったのは大きな驚きだった。ナハダ運動は、ベンアリ政権23

年の間、活動を禁止され、それ自体に組織力があったわけではない。さらに、政治、経済、文化の表面に出ていた世俗的な人々とは全く対極にある存在だった。独裁者を追い出し自由を求めた革命後の選挙で、23年間も新聞やテレビに名前さえ出なかったイスラム政党が勝利するなど、国際社会も予想していなかった。

ベンアリ時代は、イスラムの教えに基づく慈善運動さえ禁止され、熱心にモスクに通うだけで警察に目をつけられるというような、上から強制された世俗化が浸透していた。そういった圧力が消え、世俗主義のふりをする必要がなくなった時、人々は選挙でイスラム政党を選んだ。革命後は首都チュニスの中心部でもベール姿の女性が増え、イスラム慈善組織が活動を再開し、選挙では国政を押さえてしまったのである。

しかし、メディアや経済は、依然として世俗派が押さえていた。議会ではナハダ運動と世俗派の対立が激化し、政治は危機に陥った。そのため、労組、人権組織、弁護士組織など四つの組織の連合体「国民対話カルテット」が両者の仲介に立ち、２０１４年に新憲法が制定され、大統領選挙・議会選挙が実施された。その結果、世俗派が第一党となり、ナハダ運動も政治に残る形で民主化が維持された。「国民対話カルテット」は「多元的な民主主義の構築に寄与した」という理由で、２０１５年のノーベル平和賞を受賞した。

チュニジアの〝裏のストーリー〟

「アラブの春」によって、チュニジアは表に出る情報と裏で進む現実の乖離を解消したのだろうか。その後の情勢を見る限り、さらにまだ裏がありそうである。

現在のチュニジアの表の情報は、「世俗派とイスラム派の和解」によって、「アラブの春」を経験した国で民主化が保たれたという成功のストーリーである。しかし、前章で述べたように、「イスラム国」に入っている3万人以上の外国人戦士のうち、チュニジアは最多の6000人を供給している（2015年時点）。2015年3月にはチュニスの博物館襲撃事件で日本人観光客3人を含む22人が死亡、同年6月には中部スースのリゾートホテルを襲った銃乱射事件で英国人観光客など38人が死亡して「イスラム国」の犯行声明が出るなど、深刻なテロ事件が続いた。

こうして見ると、チュニジアの情勢には、表面に出ない裏のストーリーがあるとしか思えない。革命前に20％台後半だった若者層の失業は、ナハダ運動主導の政権のもとで30％を上回り、いっこうに改善しなかった。世俗派と協力するイスラム穏健派への失望や反発が広がり、本書第4章で紹介した、青年の焼身自殺があった「アラブの春」発祥の町シディブジドでは、厳格なイスラム法の実施を求めるサラフィー組織「アンサール・シャリーア（イスラム法の追従者たち）」が支持を広げた。２０１３年夏に政府は「アンサール・シャリーア」を非合法化し、中南部の山岳地では治安部隊による激しい掃討作戦が続いていた。

チュニジアの表のストーリーである、世俗派とイスラム穏健派との和解。その実態は、世俗派もイスラム穏健派もともに政治基盤が弱く、国民に広がるイスラム厳格派の脅威に対抗するためには共闘するしかなかったということである。

この和解劇の危うさを裏付けるのは、「国民対話」を経た後の、２０１４年議会選挙結果である。世俗派政党「ニダ・チュニス」が１２８万票（得票率37・6％）で第一党、ナハダ運動が95万票（27・8％）で第二党となって、平和的な政権交代が行なわれた。登録有権者数は５１９万人で投票総数３５８万票、投票率69％。これだけ見れば、第一党と第二党が和解すれば、政治の安定を得ることができるのではと思える。しかし、革命直後の２０１１年総選挙のデータを見ると、登録有権者数は８３０万人で投票総数４３０万票、投票率52％となっており、３年間で有権者総数が３１１万人（37％）も減少している。投票総数は72万人減。２０１１年の有権者総数を元に考えれば、２０１４年の投票率は43％に過ぎない。「世俗派かイスラム派か」という雌雄を決する選挙なのに、国民の関心は大きく下がっている。

これでは政治の安定どころではない。特にナハダ運動は、11年選挙での得票150万票から37％も得票を減らした。これは、穏健派路線を見限ったイスラム厳格派が増えたと考えるしかない。世俗派とイスラム派の和解による民主化の実現、という表のストーリーの裏で、国民の半数以上が政治から離れているのだ。

表と裏が引っ繰り返る、中東の歴史

世俗派とイスラム派の和解によって政治の枠が広がるはずなのに、現実には、登録有権者数も投票総数も大きく減った。それは、政治の枠が小さくなり、政治から排除されたか、政治から離れた国民が多くなったことを示す。それは2013年に非合法化されたイスラム厳格派「アンサール・シャリーア」などサラフィー主義の支持者だと考えるしかない。

「アンサール・シャリーア」はイスラム厳格派であるが、当初は貧困救済などの社会運動を行なう大衆組織でもあり、貧しい民衆に支持を広げていた。アルカイダや「イスラム国」とも通じる過激派も含まれているが、すべてが過激派というわけではない。

しかし、チュニジアの世俗派は、自分たちとサラフィー主義とは全く相容《あいい》れないと考えている。世俗派とイスラム穏健派の和解は、サラフィー主義者を丸ごと排除し、「テロリスト」として非合法化するという政治プロセスとなった。その結果、多くのサラフィー主義者たちを過激化させてアルカイダや「イスラム国」の方に追いやり、その支持者たちを政治から排除したのである。

チュニジアは、「世俗派とイスラム派の和解」に成功した国として国際的に評価されたかもしれないが、世俗派が和解したのはイスラム穏健派だけであって、イスラム厳格派とは和解も妥協もなく、表と裏のストーリーが続いている。「世俗派とイスラム派の和解」という表のストーリーが政治を押さえている間は、「アンサール・シャリーア」が主役となる裏のストーリーは外に見えない。しかし、国民の多くが政治から離れている危うさを見れば、ベンアリ政権が脆くも崩れ去ったように、現在の表のストーリーが崩れていきなり「アンサール・シャリーア」が表に出てくる可能性がないとは言い切れない。１９７９年当時、最も親米的で最も世俗的だったイランでイスラム革命が始まるのを、欧米は予想できなかった。同じことが繰り返されないとはいえないのだ。

ノーベル平和賞をとり、アラブ民主化の模範として国際社会の注目を浴びたチュニジアの例は、イスラエルとの和平合意で１９７８年のノーベル平和賞を受賞した、エジプトのサダト大統領とも似ている。サダトの平和路線は国際的に称賛されたが、３年後の81年、サダトは軍事パレードの最中に、軍に浸透していたイスラム過激派ジハード団のメンバーに暗殺された。私が79年にカイロ大学に留学した時、連日のように新聞、テレビで「戦争の英雄は平和の英雄になった」というサダト礼賛のキャンペーンが続いていた。だが、普通の国民の間では、イスラエルとの和平に対する評判は散々だった。そこでも、表に出る統制されたストーリーの裏で、別のストーリーが動いていたのである。

エジプトで起きていること

「アラブの春」でチュニジアに続いて独裁体制が倒れたエジプトは、革命の後にイスラム穏健派のムスリム同胞団政権が選挙に勝利し、途中までチュニジアと同じコースをたどった。だが、チュニジアがイスラム厳格派を排除して「世俗派とイスラム穏健派」の和解に動き始めた2013年7月に、軍のクーデターで同胞団政権は排除された。

エジプトについても「世俗派とイスラム派の対立」ととらえる見方があるが、エジプトの軍も、軍を支持しているムバラク時代の旧支配層も、すべてが世俗派とはいえない。さらに、厳格なイスラム政党で、革命後の選挙で同胞団に次ぐ25%の議席をとったサラフィー主義政党「ヌール党」は、クーデター後も軍主導政権の下で政治に参加している。

エジプトのサラフィー主義勢力が、旧政権下で公安警察とつながっていたことはすでに書いた。エジプトで起きていたのは、軍を含む旧政権勢力と、ムスリム同胞団との権力闘争である。同胞団は旧体制下でも草の根の社会運動ネットワークを持ち、革命後の議会選挙で集めた1000万票は、ほとんどが組織票だった。しかし、ムルシ大統領は軍のクーデターで排除され、その後、軍主導の暫定政権の下で同胞団は「テロ組織」として非合法化されて、ほとんどの幹部は逮捕された。クーデターの後、カイロのナスルシティーでは同胞団メンバーと支持者による座り込みデモが数万人規模で続いていたが、同年8月中旬、軍・治安部隊による武力行使によって、800人以上の死者を出して排除された。これについては、ヒューマン・ライツ・ウオッチ（HRW）が1年かけて関係者の証言をとり、「デモ隊からは、ほとんど武力による抵抗はなかった」とする報告書を発表した。クーデターの後、同胞団系の慈善団体の活動も禁止され、同胞団系の病院や社会団体、同胞団メンバーが所有する民間会社も閉鎖に追いこまれた。

エジプト軍のクーデターやデモの武力排除の後、「アルジェリア・シナリオ」が取りざたされた。1990年代初めのアルジェリアで、イスラム政党が勝利した選挙が軍によって無効にされたことで、イスラム武装過激派と軍・治安部隊との間で激しい抗争が始まり、民間人を含めて毎年1万人が犠牲になった。「もしエジプトがアルジェリアの二の舞となれば、外国人は住めなくなる」と危惧されたのである。

当時、私は、取材していた同胞団の中堅メンバーから「息子たちから『なぜ報復しないのか』という怒りの声が出ている。しかし、暴力で報復すれば、国が亡びると説得している」という話を聞いた。同胞団メンバーは、3代にわたって同胞団というような家族も多く、結束の固さを特徴としている。結局、クーデターから3年以上過ぎた2016年夏の時点でも、同胞団が組織として武装闘争を始めることはなく、アルジェリアの二の舞となることはなかった。

「イスラム国」の浸透を食い止める草の根社会活動

元大統領のムルシをはじめ数百人の幹部や活動家が死刑判決を受けてはいるが、エジプトのムスリム同胞団は過激化することはなく、選挙で1000万票を集めた組織力は半分になっているかもしれないが、なお大衆組織として力を維持している。

エジプトの軍主導政権は同胞団を「テロリスト」と呼び、徹底的に弾圧し、同胞団は存亡の危機にある——というのがエジプトでの表のストーリーだが、同胞団は、草の根的な社会活動を継続して組織を維持することで、10年後であれ、20年後であれ、政治の表に出てくるという別のストーリーを描いているということだろう。

本書第5章で、イラクの元情報将校が「イスラム国」地域に入っていくにあたって、その地域にイスラムの宣教の事務所を開いて人々に浸透していく戦略をたてていた、という「シュピーゲル」誌の記事を紹介した。

ムスリム同胞団も、モスクに寄付を集めて貧困救済を行なう委員会をつくったり、クリニックを開いたりして、人々に支持を広げていくのが伝統的なやり方だ。同胞団は、そのようなイスラム社会活動のネットワークを全国に持っている。軍のクーデターで政治から排除された後も、過激化しないで地域で組織を維持しているということは、それが「イスラム国」のような過激派組織の浸透を阻止し、エジプトから「イスラム国」に渡る若者たちの流れを止めていることにつながる。エジプトから「イスラム国」に参加している戦士の数は、人口8200万人に対して600人（2015年時点）。人口1000万人のチュニジアの10分の1である。

また、エジプト国内での「イスラム国」勢力浸透がシナイ半島に限定され、ナイルデルタ以南に入ることができないのは、政治的には軍と対抗している同胞団が、一方で「イスラム国」やアルカイダの浸透を食いとめ、社会防衛の役割を担っているということでもある。

エジプトもまた、チュニジアとは別の形で、表と裏のストーリーが交わらないで進行する中東パターンとなっている。

サウジアラビアに鬱積する「若者たちの不満」

「アラブの春」の続きとしての「イスラム国」を考える時、最大の問題は、サウジアラビアとの関わりである。

アルカイダを率いたビンラディンは、最後までサウド王家との和解の余地を残し、敵視することはなかった。

以前、私が取材したイラク軍情報部の元将校は、こんな話をしてくれた。

サダム・フセイン大統領は1998年までに二度、サウド王家の打倒をめざして、ビンラディンと接触するように軍情報部に命じたという。クウェート侵攻の後、イラクは国連による厳しい経済制裁下に置かれており、サウジ政府が米国とともに制裁を長引かせるように動いていた。最初の接触の試みは、ビンラディンがスーダンにいた時というから1996年以前のことだ。湾岸戦争後も関係を維持していたスーダン政府の関係者に仲介を頼んで接触を試みたが、ビンラディンはフセインの使者を受け入れるのを拒否したという。二度目は、98年にイスラム主義指導者を仲介人として立て、ビンラディンのもとにフセインの親書を届けて特使との協議をもちかけた。しかし、ビンラディンは特使を受け入れず、仲介人に対して「イラクのバース党政権は世俗主義であり、不信仰者である。我々は信用することはできない。サダム・フセインは米軍が湾岸に軍を派遣する理由をつくった張本人ではないか」と語ったという。

事実関係は確認しようもないが、その元将校は、米国がイラク戦争の開戦理由の一つに「アルカイダと協力した」という理由を挙げたことへの反証として、この話をしたのである。

しかし、このストーリーは、過去の話とはいえないかもしれない。イラクの体制は崩壊し、フセインは処刑されたが、彼がつくった治安情報機関は「イラク・イスラム国」に参加し、「イスラム国」でも主要な役職についている。「イスラム国」がサウド王家を敵視するのは、アラブの政権を「反イスラム」と断罪する過激で革命的なジハード思想を持ったザルカウィの流れであるが、それだけではなく、湾岸戦争以来のイラク旧体制のサウジへの遺恨が入っているということだ。

「アラブの春」とサウジの関係でいえば、2011年春、サウジの隣国バーレーンで大規模なシーア派のデモが始まった。湾岸アラブ諸国6ヶ国でつくる湾岸協力会議（GCC）の合同軍「半島の盾」がバーレーンの要請で派遣され、デモを抑えこんだのだが、この時の派遣軍の主力はサウジ軍だった。サウジ東部の油田地帯はシーア派地域であり、バーレーン情勢が波及して不安定化するのを恐れたと見られる。

しかし、サウジにとっても若者たちの反乱は他人事ではなかった。フェイスブックでは、首都リヤドでのデモ行動が呼びかけられた。前述のように、「アラブの春」には、アラブ世界で若者たちが人口の半分を占め、失業や住宅などの問題を抱え、さらに格差拡大で不満が広がっているという背景があった。３０００万人の人口を抱えるサウジの年齢中央値は28歳で、人口の半分は30代以下。２０１４年のサウジ人の失業率は12％だが、20代の失業率は24％と平均の2倍にのぼる。若者人口の急激な増加で、政府や政府関連機関で公務員として任用される者は選ばれた層に限られ、若者たちの間には不満が広がっていたのだ。

私が２００８年にリヤドで取材した時、カフェのウェイターとして働くサウジ人の若者が増えてきていることに驚いた。それだけ就職格差が広がっているということである。２０１１年当時、アブドラ国王は公務員給与の引き上げとともに失業対策や住宅供給の拡大などに１３００億ドルを投入し、若者たちの不満を抑えこんだ。この特別支出は、サウジ政府の当初の年間予算１４５０億ドルの9割に当たる額である。

アフガン帰りのアルカイダを封じこめる

サウジは湾岸戦争で米軍を国内に入れたことで宗教保守派の批判を受け、ビンラディンが率いるアルカイダの反米ジハードを生んだ。２００1年の9・11米同時多発テロの実行犯19人のうち15人がサウジ人だったこともあり、米国から強い「中東民主化」の圧力を受け、教育改革や政治改革を求められた。

健康問題を抱えたファハド国王の皇太子として１９９０年代半ばから政治を主導し、２００5年に国王になったアブドラは、米国の意向をいれ、宗教界の保守派を抑えながら改革を進めた。しかし、イラク戦争直後の03年5月にリヤドで外国人住宅地に対する同時多発テロが発生するなど、06年までアルカイダによるテロが続いた。

私は、03年の外国人住宅地テロの1ヶ月後にリヤドに行き、爆発現場の一つに入った。爆弾を積んだ車が、高い塀で囲まれた外国人住宅の中央広場まで進入し、爆発した。広場に面した周囲の住宅の外壁がすべて吹き飛んだ破壊の光景は、すさまじいものだった。

サウジはリヤドでのテロの後、初めてアルカイダのテロ対策に本気で取り組んだといわれた。現地のジャーナリストは、「アフガニスタン戦争によってアルカイダに参加していたサウジ人がサウジに戻ってきて、国内で活動を始めたためだ」と説明した。

この時、サウジ内務省は、指名手配した容疑者の顔写真を新聞の一面に並べた。また、新聞記事の中には「政府は（指名手配者の）部族から庇護を放棄するという誓約をとった」という一文があった。サウジは部族社会であるから、テロ容疑者を出身部族が匿《かくま》えば、政府の「対テロ」の取り組みは効果がない。政府が部族に圧力をかけたのだろう、と私は理解した。

その後、08年にサウジで取材した時は、国内でのテロは収まっていた。9・11の時にちょうどアフガニスタンのカンダハルにいたというサウジ人男性にインタビューしたが、彼も03年の外国人住宅地爆破テロに絡んで「アフガン帰り」ということで逮捕され、取り調べを受けたという。しかし、そのテロには関わっていないことが明らかになって釈放された。その男性は、「かつてソ連軍と戦うためにアフガンに行ったのは、サウジの有力部族から選ばれた若者たちだった」と語った。対ソ連戦はサウジ政府が米国と協力して若者を送りこんだもので、「若者たちは有力部族の名誉を担ってアフガンに行った」という。

サウジアラビアは「サウド家のアラビア」という意味だが、有力部族がサウド王家に忠誠を誓うことで王権の正統性が生まれている。9・11の実行犯だった15人のサウジ人には有力部族出身者が含まれるという指摘が出ていたが、その説明を聞いて納得した。また、外国人住宅地爆破テロの後に新聞に出ていた「部族が庇護を放棄」の意味の重さも理解できた。かつて部族の誉れとしてアフガニスタンでの聖戦に送り出したメンバーに対して、部族は庇護の放棄を約束したのである。この措置は、有力部族から人を集めている国家警護隊の隊長をつとめていたアブドラ皇太子（当時）だからできたことだろう。

民主化と「イスラム国」、サウジにとってどちらが脅威なのか？

２０１１年の「アラブの春」を経ても、サウジアラビアの治安は安定していた。「アラブの春」に伴うシーア派のデモは治安部隊を出して封じこめ、スンニ派の若者のデモは金で抑えこんだ。エジプトではムスリム同胞団の政権ができたが、２０１３年7月の軍事クーデター後にはサウジやクウェート、アラブ首長国連邦（ＵＡＥ）がエジプト軍を財政的に支援した。エジプトのムスリム同胞団は１９５０年代、60年代のナセル時代に厳しく弾圧された時、多くの指導者や活動家がサウジに逃げて庇護を受けており、サウジ政府と同胞団の関係は悪くなかったが、アラブ世界に影響力を持つエジプトで民主化が進むことを、サウジをはじめとする湾岸アラブ諸国は脅威と感じていたのだ。

同胞団政権が排除されたことで、アラブ世界の民主化は停止した。しかし、２０１４年に「イスラム国」が生まれ、サウジはその脅威にさらされることになった。民主化を掲げるムスリム同胞団と、厳格なイスラムの実現を掲げる「イスラム国」と、どちらがサウジにとっては大きな脅威だろうか。

サウジからは、チュニジアに次ぐ2500人（2015年時点）が「イスラム国」に戦士として入っている。特に、シリア側の「イスラム国」の〝首都〟ラッカなどで強い影響力を持つ部族は、サウジとのつながりが現在もあり、部族のつながりで入っている戦士もいる。さらにサウジは、「イスラム国」が掲げるサラフィー主義発祥の地であり、サウジ国内にいる「イスラム国」支持者や共感者は、「イスラム国」に参加した若者たちの何倍または何十倍の数になるだろう。

「イスラム国」の樹立が宣言された1ヶ月後の2014年7月、サウジ有力紙「アルハヤート」に、イスラム系市民組織「サキナ運動」が実施した「イスラム国」に対するサウジ国民のとらえ方についての世論調査が掲載された。それによると、回答者の92％が「『イスラム国』はイスラムやイスラム法に合致していない」と答えたという。記事には調査の詳細は出ていないが、「サキナ運動」は若い宗教者が集まって若者たちの過激派対策に取り組んでいる組織で、私もサウジで関係者に取材したことがある。

欧米や日本では残酷と報じられる「イスラム国」の斬首処刑は、サウジアラビアでは日常的に執行される死刑の形であり、国際的人権組織「アムネスティ・インターナショナル」によると、2015年は少なくとも158人が処刑され、その多くが公開の場での斬首処刑だったという。

サウジは2014年9月に米国が「イスラム国」のシリア側への空爆を始めた時、初日から作戦に参加した。湾岸戦争やイラク戦争を通じて、米軍との軍事協力には非常に慎重になっているはずのサウジ政府が空爆に参加したことに驚きを感じたが、裏を返せば、サウジが「イスラム国」を深刻な脅威ととらえているということである。

サウジ王族の異例の人事

2015年は、サウジにとって波乱の始まりとなった。

1月にアブドラ国王が死去し、サルマン新国王が即位した。新国王のもとで実施された新体制移行は異例だった。サルマンはアブドラ国王の皇太子から国王に即位し、副皇太子だった異母弟ムクリンを皇太子とし、副皇太子には甥《おい》で50代半ばのムハンマド・ビン・ナイフ内相を任命した。サルマンまではアブドルアジズ初代国王の息子たち（第2世代）が次々と王位に就いてきたが、ムハンマド副皇太子は、初めて第3世代からの王位継承者の指名だった。また、サルマンの実子で30歳のムハンマド・ビン・サルマン王子を国防相兼王宮府長官に抜擢《ばってき》した。その意図は、4月末にムクリン皇太子が退任し、ムハンマド内相を皇太子に、ムハンマド国防相を副皇太子に任命した時に明らかになった。実子ムハンマドを「次の次」の王位継承者に位置付けたのだ。サウジで大きな関心事だった王族第2世代から第3世代への交代が、サルマン国王就任とともに、かなり唐突な形で進んだ。

サルマンは、「スデイリ・セブン」と呼ばれるスデイリ家出身の母親から生まれた7人兄弟の一人。第5代国王ファハドやアブドラ時代に死去したナイフ、スルタン両皇太子を兄とする第2世代の主流派だ。アブドラの母親はサウド家とアラビア半島の覇を争ったラシッド家の女性で、いわばかつての敵との政略結婚であり、第2世代の中では傍流だった。しかし、アブドラは清廉な人柄で国民の人気と支持が高く、民主化などの改革と対話を進めた名君として評価を高めた。サルマンによる新皇太子、副皇太子の任命は「スデイリ復活」との見方も出たが、ファイサル、ファハド、アブドラという有力な先王の子供たちを差し置いて若い実子を副皇太子につけたことは、「スデイリ」の枠を超え、これまでの年功序列的な王位継承ルールを一気に崩すものといえる。

重大なのは、王族内の反発を引き起こしかねない急激な人事が、中東の混乱が広がる中で行なわれたことだろう。２０１４年９月の米軍による「イスラム国」空爆への参加に加えて、15年３月にサウジはイエメンの紛争に介入し、首都サヌアを押さえるシーア派武装組織ホーシ派への空爆を開始したのである。国防相に就任したばかりの若いムハンマドが、果たして軍を統率できるのか、という不安が囁《ささや》かれた。サルマン国王は認知症が進んでいて、ムハンマド副皇太子が国政を仕切っているという情報も出ていた。

サウジ国内で「イスラム国」のテロが始まる

そして、新体制を直撃するように、サウジ国内で「イスラム国」によるテロが始まった。

まず、2015年5月、2週連続で「イスラム国ナジュド州」によるサウジ東部のシーア派を狙った爆弾テロがあった。最初は5月22日の金曜礼拝で、カティーフのシーア派モスクで自爆テロがあり21人が死亡。翌週29日の金曜日には、ダンマンのシーア派モスクの前であった爆弾テロで4人が死んだ。カティーフのテロの後に出た「イスラム国」の犯行声明では、サウド王家について「シーア派に対抗して国民を守ることができない」「イスラム法をないがしろにしている」と批判している。サウジの新聞「リヤド」紙などによると、サウジ内務省はカティーフやダンマンでのテロの後、6月3日付で、16人の「テロリストの指名手配リスト」を顔写真付きで公表し、逮捕につながる情報提供には1人につき100万リヤル（約3000万円）の賞金を付けた。

その後、「イスラム国」樹立1周年直前の6月26日の金曜日に、チュニジアとクウェートで「イスラム国」絡みの大規模なテロが起きた。当時は、日本でも欧米でも、多数の外国人観光客が殺害されたチュニジアのテロに注目が集まったが、湾岸諸国にとっては、27人が死んだクウェートのテロが重大な意味を持った。クウェートのシーア派モスクで金曜礼拝を狙った自爆テロの実行犯が、20代前半のサウジアラビア人男性だったからだ。

クウェート内務省はテロの2日後、実行犯について、1992年生まれのサウジアラビア人ファハド・カッバーア（カッバーア家のファハド）と、実名を挙げて発表した。その翌日、サウジ内務省が、ファハドがテロ前日にサウジからバーレーンの首都マナマ空港乗り換えでクウェートに移動したことを明らかにし、「今回が初めての出国で、これまでテロの関連で名前が挙がったことはなかった」と発表した。実行犯はクウェートでの土地勘がないことから、爆弾の手配、標的となったモスクの選定、移動手段などすべてお膳立てされた上で自爆したものとみられる。クウェートとサウジの治安当局の、それまでにない素早い対応から、彼らが問題を深刻にとらえていることが見てとれた。

テロの後、インターネットサイトで「イスラム国ナジュド州」を名乗って「悪魔の党派に対する戦いのためにナジュドの戦士がクウェートの（シーア派）モスクで爆弾ベルトを爆破させて、殉教作戦を実行した」とする犯行声明が出された。ナジュドとはアラビア半島の中央部の地域を指す言葉だ。さらに6月29日にはファハド自身の「遺言」として音声メッセージが公開され、その中で、「神の敵たちよ、近いうちにお前たちに血と死の知らせをもたらし、さらなる災難にあわせてやる」と語っていた。

サウジ内務省は7月、「イスラム国」に加担する431人を逮捕したことを公表し、徹底的な「イスラム国」対策に出たことを印象付けた。それでもテロは収まらず、8月にはイエメン国境に近い南西部アブハで治安部隊の使用するモスクを狙った自爆テロがあり、礼拝中の隊員10人を含む15人が死亡する重大事件が起きた。

「国王、皇太子、副皇太子の更迭を求める」要請書

一連のテロの後、2015年9月、「サウジの王族が匿名で、国王、皇太子、副皇太子の更迭を求める要請書を出した」というニュースが、欧米メディアに流れた。

アラビア語の文書は2種類あり、9月4日に出たのは「すべてのサウド家メンバーへの緊急の警告」というタイトルの警告文、9月15日に出たのは最初の文書を受けた補足説明の文書だった。

警告文では、「なぜ、われわれは国王の精神的な問題で統治ができなくなっているのを放置しているのか？　なぜ、国王に近い者が国を政治的に、経済的に支配し、好き勝手に計画を立てているのを黙認しているのか？　なぜ、われわれの信用を失墜させ、他の国々がわれわれに反発するような外交政策に黙っているのか？　なぜ、われわれはイラクやシリア、イエメンでの軍事的な連合に参加するような計算できない軍事的な危険を冒すことを受け入れたのか？」と、サルマン新国王とムハンマド副皇太子・国防相の政策を厳しく非難している。ムハンマド副皇太子に対しては「無能なサルマン国王の権力は子供じみた若い男によって乱用されている」と痛烈な批判を浴びせている。その上で「政治的、経済的な状況は急激に悪化し、油価の下落や公的債務の膨大な増加によって、われわれがいま動かなければ、影響は全体に及び、手遅れになる」と警告し、国王を排除し、アブドルアジズ初代国王の生存している13人の息子から選任するように求めている。

要請書に記されたように、サウジの財政は原油価格の低迷で「火の車」となったが、イエメン内戦への軍事介入による軍事費の増加、サルマン国王即位に伴う公務員への臨時ボーナスなど出費は増加し、2015年末に発表された2016年予算では、財政赤字は3262億リヤル（約10・5兆円）となった。金融資産の切り崩しや国債発行を実施したが、16年初めには原油価格は一時1バレル＝30ドル台を割りこんだ。その後、いくらか持ち直したものの、2011年に若者たちの反乱を金で解決したことを考えれば、財政状況の悪化は、政治的な危機を増幅させることになりかねない。

新しい危機に対応するための「集団処刑」

2016年のサウジは、年始早々、イランとの国交断絶のニュースで世界を驚かせた。原因は、サウジが年頭に「テロリスト」として死刑囚47人を処刑し、その中にサウジ東部のシーア派宗教指導者が含まれていたためだ。イランの首都テヘランで抗議するシーア派群衆がサウジ大使館を焼き討ちし、それに対して、サウジのジュベイル外相が断交を発表したのだ。

サウジが処刑したシーア派宗教指導者は、同国東部のシーア派の中心都市カティーフ北部アワミヤ地区のニムル・ニムル師である。イランでシーア派教学を修めたイスラム法学者で、2011年の「アラブの春」に呼応してカティーフで政府批判デモが起きた時、サウジの政治改革を求めるデモを支持した。デモは治安部隊に弾圧されて抑えこまれるが、ニムル師はサウジ国内で「アラブの春」を代表する顔となる。12年にデモ弾圧の渦中で逮捕され、14年に死刑判決を受けた。国際的人権組織アムネスティ・インターナショナルは、報告書で「ニムル師は暴力を否定し、あくまで表現の自由の行使ということで意見表明を通じての平和的な活動だった」と認定している。

サウジ新体制が「アラブの春」で指導的な役割を演じたシーア派宗教者を処刑したのは、国内でシーア派勢力が脅威となっているわけでもないのに、いかにも唐突だった。政府の意図を読み解けば、イラクとシリアで、イランが後ろ盾となってシーア派による攻撃が繰り返され「スンニ派の受難」が起きていることに対して、政府としてシーア派に対する強硬姿勢を示すというものであろう。

しかし、集団処刑については、サウジ内務省の発表も、それを伝える現地メディアも、焦点はシーア派指導者の処刑ではなかった。サウジの新聞は、今回の「テロリスト」の集団処刑は、1979年に起きた「メッカ大モスク占拠事件」に関係した63人の実行犯が処刑されて以来の規模だ、と解説していた。処刑された47人のうち、ニムル師を含むシーア派活動家は4人だけで、あとはすべてスンニ派だった。そこには、アルカイダを支持する宗教者として2004年に逮捕され、死刑判決を受けていたファーリス・ザハラーニ師が含まれていた。前述したように、03年のリヤド外国人住宅地テロはアルカイダの犯行とされ、ザハラーニ師は「国家を反イスラムと非難し、アルカイダに参加して、テロ行為を奨励した」として、アルカイダを支持する「最も危険な宗教者」とみなされた。

集団処刑を公表した内務省の声明文では、処刑された47人の名前のリストの後に、死刑の理由となった犯罪について17項目が列挙されていた。イラク戦争終結後の03年5月から06年2月までに起こったテロ事件である。爆弾テロ、治安部隊や軍の施設への襲撃、外国大使館・領事館への襲撃、石油施設への破壊活動、外国人誘拐と斬首などが挙げられている。すべてがアルカイダによるとされたテロ事件である。その筆頭はリヤドの外国人住宅地テロだ。

この声明を見れば、47人の「テロリスト」集団処刑の最大の眼目は、アルカイダによる最悪のテロが続いた時期の清算なのである。

ザハラーニ師の死刑理由を示すとみられるのは、17項目のうち最後の項目だ。「暴力を扇動し、混乱を引き起こし、テロ行為を拡散し、外国でテロ活動を行なうよう（人々を）そそのかし、そのような活動への支持を表明し、公共のルールを犯している」とある。具体的なテロ事件ではなく、テロ行為やテロ組織を支持するなど過激思想を唱える行為が死刑の対象であると明示したものである。

内務省の記者会見では、マンスール・トルキ報道官が、特に若者たちに向けて「テロ組織はサウジの治安と安定を乱すために、あなたたち（若者）を道具として使う」と警告した。これは過ぎ去ったテロのことを言っているのではなく、前年の2015年に続発した「イスラム国」のテロを念頭に置いたものとしか考えられない。内務省は治安の新しい危機に対応するために、歴史的ともいえる集団処刑を決断したことがわかる。

さらに過去の清算というならば、アブドラ前国王時代の清算でもあった。「メッカ大モスク占拠事件」以来の集団処刑は、アブドラ国王の死から1年後に「サルマン国王、ムハンマド皇太子・内相、ムハンマド副皇太子・国防相」体制で執行された。私は、リヤド外国人住宅地連続爆破事件を取材した経験を思い出しながら、アブドラ皇太子・国王時代に摘発されたアルカイダ関連の容疑者が死刑判決を受けても、処刑されていなかったことを知った。政府は容疑者が属する部族から「部族の庇護の放棄」をとり付け、その結果、テロ容疑者の摘発と裁判が始まった。しかし、アブドラ時代には刑は執行されず、国王の代が代わって執行されたわけである。これは、サウジ新体制の、アルカイダや「イスラム国」への対決姿勢を示すものであるが、サウド王家と有力部族の信頼関係に亀裂が生じるのではないかという懸念を抱かざるを得ない。

サウジの混乱は「次の悪夢」の火種なのか?

47人の集団処刑があった後、「イスラム国」は「我々は常に政治犯の解放のために動いてきた。サウジ国内のターグート（不信仰者）の判決を破棄し、すべての刑務所を破壊する」とする声明を出した。この声明は、サウジ国内で広がっている政治犯釈放を求めるキャンペーンを意識したものである。サウジの政治犯は人権組織などの推計で5000人から7000人とされるが、3万人という推計もある。

このキャンペーンは、イラク戦争後の治安対策で拘束された政治犯の釈放を求める運動から続くものだ。アムネスティ・インターナショナルやヒューマン・ライツ・ウオッチなど欧米人権組織の報告によると、サウジでは2011年春に「アラブの春」に呼応して政府の改革を求めるデモが起こり、それはシーア派地域だけでなく、リヤドやリヤド北部カシーム州の州都ブライダなどスンニ派地域でも続いている。サウジ政府はデモを禁止する措置をとったが、同年12月に長期拘束者の釈放を求めるデモや抗議運動が再燃したという。

ブライダはサウジの有力部族オタイバ族の拠点の一つとしても有名で、サウジの厳格なイスラムの中心地ともいえる土地だ。ユーチューブではブライダでのさまざまな映像が公開されており、「政治犯を釈放せよ」と横断幕を持った若者たちや女性も参加するデモ、さらに女性政治犯の釈放を求めるデモもある。これらの映像や報道は、サウジのスンニ派の若者たちの間に、政府批判の空気が広がっていることをうかがわせる。

一方で、こんな動きもある。

先に触れた2015年8月の、アブハでの自爆テロで礼拝中の隊員ら15人が死亡した事件の実行犯として、サウジ内務省は21歳のサウジ人の若者の名前を発表した。アルアラビーヤ・テレビは、「自爆犯はいくつものデモに参加して、警察に45日間拘束されたことがある。その時、ツイッターなどで『釈放』を求める動きが広がり、釈放された」として、過去のツイッター画面とともに報じた。

デモによって拘束され釈放された政治犯が、実は過激派であったということで、つまりは、彼を釈放したことを非難する内容である。さらに2016年5月、治安部隊がサウジ国内でのモスク爆破や治安関係者の殺害などに関わった「イスラム国」メンバーのアジトを襲撃して4人を殺害したと発表したが、そのうち1人が、「2012年前後にブライダでの政治犯釈放デモに参加して逮捕されたことがある」とした。また、16年7月4日、イスラム聖地メディナの「預言者のモスク」での自爆テロと同じ日に東部カティーフのシーア派モスクで起きた自爆テロ実行犯の一人が、やはり「ブライダで政治犯釈放デモに参加して逮捕されたことがある」と発表した。

政府の統制下にあるサウジのメディアは「政治犯釈放デモから自爆犯へ」という見出しをつ

け、「政治犯釈放運動はテロの温床」などという特集を組んでいる。しかし、政治犯釈放を求めて平和的な運動に参加していた若者たちが、政府の弾圧によって「イスラム国」の側に追いやられている――と見ることもできる。政府が政治改革を拒否して、政府批判を弾圧することから政治運動が過激化するのは、サウジだけでなく、どこでも起こりうることであり、「アラブの春」が内戦化したリビアやシリアでも同様だった。

サウジアラビアが「イスラム国」に侵食される懸念は？

「アラブの春」で強権体制が崩壊、または内戦化し、統治が破綻し、ほころびが生じた場所で「イスラム国」が足場をつくっている。イラク北部、シリア東北部、リビア東部、チュニジア南部、エジプトのシナイ半島、イエメンと、統治の混乱に乗じて「イスラム国」は勢力を広げている。

恐れなければならないのは、ある日突然、サウジアラビアの一角が「イスラム国」に侵食されるような事態である。

「イスラム国」が掲げる厳格なサラフィー主義の発信地であるサウジでは、「イスラム国」の運動は、ほかのアラブ諸国よりも受け入れられやすい。政府に統制された情報しか出てこないサウジで、どこまで「イスラム国」への支持が若者の間に広がっているかはわからないが、王族の亀裂、連続するテロ、財政赤字、集団処刑、大量の政治犯拘束など、表に出ている事象だけでも、危機が広がっていることは想像できる。テロや政治犯の背景にあるのは、人口の半分を占める若者たちの不満であり、それは2011年の「アラブの春」と同じ構図である。

強権化した共和国体制が「アラブの春」で次々と崩れた後、民主的選挙が実施され、ムスリム同胞団などのイスラム穏健派が政治を主導したことは既述した。だが2016年時点では、チュニジア以外ではクーデターや内戦で民主化は潰えた。サウジアラビアはエジプトのクーデターを支援し、ムスリム同胞団政権を潰すのに手を貸した。「アラブの春」の波及は、湾岸諸国では阻止された。

サウジがエジプトの民主化潰しを支援したのは、中東で民主化の流れが広がることを警戒したためだと思われるが、私は、サウジの動きを意外に思った。ムスリム同胞団主導の民主化が続いても、サウジへの本格的な波及はないだろう、と見ていたからだ。同胞団は、1950年代、60年代のナセル時代の大弾圧でサウジに庇護を受けた恩がある。現実的で保守的傾向が強い同胞団は、サウド王制とも共存するはずだった。さらに、湾岸諸国の多くの国では、国民に民主主義の経験が乏しく、エジプトが民主化しても、同様に民主化を求める声がそのままサウジ国民に広がるとは考えにくかった。

ところが、エジプトの同胞団政権が排除された後、「イスラム国」が登場した。その意味は、「アラブの春」で噴き出した若者たちのエネルギーが「民主化」ではなく、「厳格なイスラム法の実施」に注ぎこまれる流れができたということである。

サウジで広がる失業や格差の拡大、政治批判への弾圧などに対する若者たちの不満や怒りが「真のイスラムの実現」という形でサウド王制批判に結び付けば、イスラムの実現を国家の理念とするサウジの根本を揺るがすことになりかねない、と私は考えている。

中東関係では、イラン革命（1979年）、湾岸危機・湾岸戦争（1990〜91年）、9・11米同時多発テロ（2001年）、「アラブの春」（2011年）と、ほぼ10年ごとに、地中からマグマが噴き出すように世界を揺るがす大事件が起きている。

中東の大事件は互いにつながっている。79年のイラン革命の後の80年に始まったイラン・イラク戦争で米欧がイラクを支援したことが、100万といわれた軍隊を抱える軍事国家イラクを出現させ、それが90年のイラク軍のクウェート侵攻と湾岸戦争につながる。湾岸戦争による米軍のサウジ駐留がアルカイダの反米ジハードを生み、10年後の9・11につながり、さらにイラク戦争となった。イラク戦争後の混乱から「イスラム国」が生まれる。問題が根本的に解決されないまま、軍事力行使による場当たり的な対応が繰り返されることで、次の事件が生まれるのである。

次の10年の区切りである2020年前後に、中東で何かが起こるとすれば、「イスラム国」に対する欧米や中東諸国の対応が、問題の起点となるだろう。「アラブの春」で世界に衝撃を与えたアラブ世界の若者たちの政治や社会に対する不満や怒りは何ら解決されないまま、中東では強権が戻り、言論の自由も以前よりも抑えこまれている。「イスラム国」に参加する若者たちには、閉塞的な状況をイスラムという剣で断ち切ろうとする心情があるだろう。「アラブの春」後の中東の混乱から、辛《から》くも逃れてきたサウジやペルシャ湾岸諸国に「イスラム国」が拡散することも、想定の範囲に入れておく必要がある。

おわりに

私はこれまで新聞社の特派員として、中東取材をもとに、イラク戦争やエジプト革命、イスラム社会などに関するルポを出版してきた。本書はルポではないが、中東を歩いてきたジャーナリストとしての視点で、現在、世界を震撼《しんかん》させている「イスラム国」について考察したものである。

本書での私の狙いは、実体がよくわからないまま、悪の権化のように誇張され、幻想化されている「イスラム国」という存在を、現在の中東と世界の現実に引き戻すことにあった。過激な集団が、なぜ、どのようにして中東の一角で「国」にも匹敵するような存在となったのか、何がその思想や行動を支えているのか、という問題意識から、「イスラム国」を脱・幻想化することである。

そのため、イラクのサダム・フセイン体制を支えていた旧治安情報機関と「イスラム国」の関係や、強権体制に対して立ちあがった若者の反乱である「アラブの春」との関係、さらにスンニ派部族との関係など、本来は過激なイスラム思想とは関係ない要素が「イスラム国」に流れこんでいると指摘することに紙幅を割いた。「イスラム国」の力の源泉を解明することで、単なる過激思想の集団ではないことを明らかにしつつ、どうすれば封じこめることができるのかを考えようという意図である。

いま、欧米でも日本でも、「イスラム国」が中東の混乱を引き起こしている最大の原因のように思われているが、私が本書で繰り返し書いたように、「イスラム国」は第一義的には混乱の原因ではなく、混乱の結果なのである。その混乱は、米国による誤ったイラク戦争と、誤ったイラク駐留によってもたらされ、さらに、自由も平等もないアラブ世界の強権体制に対する若者たちの反乱である「アラブの春」への暴力的な封殺が帰結したものでもある。

また、「イスラム国」をめぐっては「グローバル・ジハード」や「グローバル・テロ」という認定が広く行なわれているが、これもまた米欧と「イスラム国」自身によって醸成された幻想であろう。「イスラム国」の原型は2006年にイラクで生まれた「イラク・イスラム国」であるが、2014年まで全く「グローバル」でなかったことは、本書の中で書いた通りだ。「イスラム国」が世界のイスラム教徒にテロを呼びかけるのは、米欧が「イスラム国」に対して「グローバルな対テロ戦争」として空爆を始めた後なのである。

有志連合の空爆によって「イスラム国」は「スンニ派の受難」の象徴となった。欧米に住むイスラム教徒自身が、生まれ育った国で抱く不満や怒りを「イスラム国」と結び付けて、自国に対するテロに走るという形で「グローバル・テロ」状態が生まれた。２０１５年11月のパリ同時多発テロの現場から「シリア旅券が発見された」というような怪情報がメディアに流布したが、結局、欧米で起きているテロは、「イスラム国」が送りこんだ「テロリスト」によってではなく、欧米で生まれ育ったイスラム教徒によって起こされているのである。

「イスラム国」は、殊更に自分たちが欧米と敵対する構図を示すことによって、世界を分裂させようとしている。欧米人や、湯川さん・後藤さんのような日本人を惨殺し、その映像をインターネットで公開し、さらには欧米・アジアなど遠い場所で起こるテロに「カリフ国の戦士による作戦」とお墨付きを与えて、世界に恐怖を吹きこむ。いずれも、インターネットを使って自身を「怪物化」する手法であるが、米欧も安易な軍事的手段に訴えることによって「イスラム国」の肥大化に手を貸している。

「イスラム国」のような過激な思想を持つ組織が、なぜ、中東で現実の力となり、世界を振り回すことになっているのかという素朴な疑問から出発するしかない。シーア派を「不信仰者」としてテロの標的とするような過激な思想は、シーア派とスンニ派が混住するイラクでは本来、なじまないものである。「イスラム国」がモスル制圧を実現した時、ともに行動したスンニ派部族の指導者の話を本書で紹介したが、彼らはスンニ派を抑圧するシーア派政権には対抗するが、シーア派を敵視するつもりはない、と明言した。

スンニ派も含むパワー・シェアリングが行なわれることで「スンニ派の受難」を終わらせるならば、シーア派を敵視する「イスラム国」はスンニ派の中でも忌避され、現実の影響力を失うはずである。しかし、米欧は「イスラム国」の詐術にかかっているかのように安易な武力行使に走り、スンニ派全体を追いつめ、足下のイスラム教徒にテロをけしかけているのである。

この文章を書いているいま、イラクではイラク軍と米軍主導の有志連合によるモスル奪還作戦が続いている。軍事力の差は明らかであり、モスル陥落は時間の問題である。しかし、「イスラム国」を軍事的に排除しても問題が終わらないことは本書で書いた通りである。

「イスラム国」に対する幻想は、ドイツにきたシリア難民への調査でも明らかになっている。2015年10月、ドイツで人権組織が実施した約900人の難民への調査で「70%が『アサド政権の攻撃から逃れた』と答えた」という結果を、ドイツの国際放送「ドイチェ・ヴェレ（DW）」が伝えた。興味深いのは、その調査に関わったドイツ人人権活動家の次のようなコメントである。

「ドイツでは、多くのシリア難民が出ているのは『イスラム国』のせいだというイメージが広がっているが、それとは異なる調査結果が出て驚いている。『イスラム国』との戦いを続けても、難民を減らすことにはならないということを示している。ドイツの外交官は念頭に置いておくべきだ」

要するに、シリア難民問題を解決するには、空爆や樽爆弾を使って市民を無差別に殺戮するアサド政権の暴力をいかに終わらせるかが前提である。いたいけな子供が空爆で崩れたビルの瓦礫の中から掘り出される映像が日々、発信されている一方で、その悲劇を終わらせようとせず、「イスラム国」を空爆することにどのような意味があるだろうか。

２０１５年に１００万人のシリア難民を受け入れ、シリア内戦が引き起こした現実に直面しているドイツでさえ、「イスラム国」の肥大化したイメージにごまかされ、現実をとらえられていない。「多くのシリア難民が出ているのは『イスラム国』のせいだというイメージ」はドイツ人だけに広がっているのではなく、難民問題を引き受けようとしない欧米諸国や日本ではもっと深刻であろう。

このまま世界が「イスラム国」の幻想に振り回され、中東に軍事的な対応を続け、さらにシリア、イラク、イエメン、エジプト、リビア、パレスチナなどで続く、中東での軍事的な対応に対しても等閑視を続けるならば、「イスラム国」の問題は、本書第7章で書いたような新たな中東危機につながっていくだろう。

2015年3月18日付の朝日新聞オピニオン面に、『イスラム国　テロリストが国家をつくる時』の著者でイタリア人ジャーナリスト、ロレッタ・ナポリオーニ氏のインタビューが掲載され、「イスラム国」をめぐって「IS（「イスラム国」）のローマ侵攻を心配する報道まである」というイタリア・メディアの騒ぎぶりを挙げながら、「私たちは欧州でISができることを過大評価し、中東での脅威を過小評価している」と指摘している。中東の危うい現実を知っているジャーナリストであれば、当然の反応である。

中東では、民間人が虫けらのように殺戮されているシリア内戦の悲劇が放置されているだけではない。たびたびイスラエル軍による大規模軍事作戦にさらされるパレスチナ、自由も民主主義もない強権体制の横行、スンニ派とシーア派の対立、若者たちを絶望に追いこむ貧富の差の広がりなど、いたるところに、危機につながるひずみがある。

中東ではある日突然、マグマが噴き出すように最悪の危機が到来し、世界を驚愕《きようがく》させる。「イスラム国」が中東の矛盾を体現する以上、「イスラム国」への対応を間違えれば、それが次の危機を生むことになるのは自明である。

私は学生時代にアラビア語を専攻し、カイロに留学し、新聞社に入社した後も中東に関わってきた。中東との付き合いは学生時代から数えれば40年以上となる。それでも中東は常に新たな発見がある。その発見は、中東を理解する鍵を与えてくれるだけでなく、いま、世界で起こっていることを解き明かす鍵ともなる。中東は欧米を映す鏡でもある。この本を手に取った読者にとって、中東と世界についての何らかの発見があるならば、それは私にとっても大きな喜びである。

本書は、ちょうど1年前の2015年12月、私も共著者の一人となった『ジャーナリストはなぜ「戦場」へ行くのか』（危険地報道を考えるジャーナリストの会編）でお世話になった集英社新書編集部の千葉直樹氏の編集によって世に出ることになった。篤《あつ》く謝意を表したい。

現在、私はフリーランスとなり、中東と日本で半年ずつ住む生活をしている。行動を共にしている妻の理解と支えに感謝したい。


2016年11月、ベイルートにて　　川上泰徳

参考文献

川上泰徳『イラク零年――朝日新聞特派員の報告』朝日新聞社、2005年
川上泰徳『現地発　エジプト革命――中東民主化のゆくえ』岩波ブックレット、2011年
川上泰徳『イスラムを生きる人びと――伝統と「革命」のあいだで』岩波書店、2012年
川上泰徳『中東の現場を歩く――激動20年の取材のディテール』合同出版、2015年
川上泰徳「シリアの市民ジャーナリズム　驚嘆すべき命がけの闘い」月刊Journalism、2016年8月号
川上泰徳「SNSで発信、情報の統制は不可能　「アラブの春」後の中東メディア状況」月刊Journalism、2016年4月号
川上泰徳「巧妙な宣伝を展開する「イスラム国」にメディアは事実をもって対抗せよ」月刊Journalism、2015年5月号
アブドルバーリ・アトワーン、春日雄宇訳、中田考監訳『イスラーム国』集英社インターナショナル、2015年
アル＝マーワルディー、湯川武訳『統治の諸規則』慶應義塾大学出版会、2006年
池内恵『イスラーム国の衝撃』文春新書、2015年
青山弘之『混迷するシリア――歴史と政治構造から読み解く』岩波書店、2012年
小杉泰『9・11以後のイスラーム政治』岩波書店、2014年

小杉泰『現代イスラーム世界論』名古屋大学出版会、２００６年
ジョン・L・エスポズィート、塩尻和子・杉山香織監訳『グローバル・テロリズムとイスラーム――穢れた聖戦』明石書店、２００４年
ジル・ケペル、丸岡高弘訳『ジハード――イスラム主義の発展と衰退』産業図書、２００６年
ジル・ケペル、中島ひかる訳『宗教の復讐』晶文社、１９９２年
中田考『カリフ制再興』書肆心水、２０１５年
中田考『イスラーム　生と死と聖戦』集英社新書、２０１５年
藤原和彦『イスラム過激原理主義――なぜテロに走るのか』中公新書、２００１年
ブルース・ローレンス編、鈴木主税・中島由華訳『オサマ・ビン・ラディン　発言』河出書房新社、２００６年
横田貴之『現代エジプトにおけるイスラームと大衆運動』ナカニシヤ出版、２００６年
吉岡明子・山尾大編『「イスラーム国」の脅威とイラク』岩波書店、２０１４年
ロレッタ・ナポリオーニ、村井章子訳『イスラム国　テロリストが国家をつくる時』文藝春秋、２０１５年
Abdel Bari Atwan, *Islamic State: The Digital Caliphate*, Saqi Books, 2015（英語）
Fouad Hussein, *al-Zarqawi: The Second Generation of Al Qaeda*, 2005（アラビア語）
Fawaz A. Gerges, *Isis: A History*, Princeton University Press, 2016（英語）
Sayyid Qutb, *Ma'alim fi al-Tariq*, 1964（アラビア語）

Mohammad Alloush, *Daesh wa ikhwaatha*, Riad El-Rayyes Books S.A.L., 2015（アラビア語）
Mohammad Khawajah, *al-Qaeda: al-jiil al-ihalith*, Dar al-Farabi, 2016（アラビア語）
Montasser al-Zayyat, *The Road to Al-Qaeda: The Story of Bin Laden's Right-Hand Man*, Pluto Press, 2004（英語）
Ayman al-Zawahiri, *al-hisad al-murr*, Dar al-bayariq, 1991（アラビア語）

川上泰徳（かわかみ　やすのり）

一九五六年生まれ。中東ジャーナリスト。元朝日新聞記者・編集委員。カイロ、エルサレム、バグダッドに特派員として駐在し、イラク戦争や「アラブの春」を取材。中東報道で二〇〇二年度ボーン・上田記念国際記者賞を受賞。現在はエジプトを拠点に取材活動を行なう。著書に『イラク零年』（朝日新聞社）、『イスラムを生きる人びと』（岩波書店）、『中東の現場を歩く』（合同出版）、共著に『ジャーナリストはなぜ「戦場」へ行くのか』（集英社新書）など。

「イスラム国《こく》」はテロの元凶《げんきょう》ではない　グローバル・ジハードという幻想《げんそう》

集英社新書〇八六二B

二〇一六年一二月二一日　第一刷発行

著者……川上泰徳《かわかみやすのり》
発行者……茨木政彦
発行所……株式会社集英社
東京都千代田区一ツ橋二-五-一〇　郵便番号一〇一-八〇五〇
電話　〇三-三二三〇-六三九一（編集部）
　　　〇三-三二三〇-六〇八〇（読者係）
　　　〇三-三二三〇-六三九三（販売部）書店専用

装幀……原　研哉
印刷所……凸版印刷株式会社
製本所……加藤製本株式会社

定価はカバーに表示してあります。

ISBN 978-4-08-720862-7 C0231

Printed in Japan

a pilot of wisdom

集英社新書　好評既刊

社会――B

教えない教え　権藤　博
携帯電磁波の人体影響　矢部　武
イスラム―癒しの知恵　内藤正典
モノ言う中国人　西本紫乃
二畳で豊かに住む　西　和夫
「オバサン」はなぜ嫌われるか　田中ひかる
新・ムラ論TOKYO　隈　研吾／清野由美
原発の闇を暴く　広瀬　隆／明石昇二郎
伊藤Pのモヤモヤ仕事術　伊藤隆行
電力と国家　佐高　信
愛国と憂国と売国　鈴木邦男
事実婚　新しい愛の形　渡辺淳一
福島第一原発―真相と展望　アーニー・ガンダーセン
没落する文明　萱野稔人／神里達博
人が死なない防災　片田敏孝
イギリスの不思議と謎　金谷展雄
妻と別れたい男たち　三浦　展
「最悪」の核施設　六ヶ所再処理工場　小出裕章／渡辺満久／明石昇二郎
ナビゲーション「位置情報」が世界を変える　山本　昇
視線がこわい　上野　玲
「独裁」入門　香山リカ
吉永小百合、オックスフォード大学で原爆詩を読む　早川敦子
原発ゼロ社会へ！　新エネルギー論　広瀬　隆
エリート×アウトロー　世直し対談　堀田　力／玄　秀盛
自転車が街を変える　秋山岳志
原発、いのち、日本人　浅田次郎／藤原新也　ほか
「知」の挑戦　本と新聞の大学Ⅰ　一色　清／姜尚中　ほか
「知」の挑戦　本と新聞の大学Ⅱ　一色　清／姜尚中　ほか
東海・東南海・南海　巨大連動地震　高嶋哲夫
千曲川ワインバレー　新しい農業への視点　玉村豊男
教養の力　東大駒場で学ぶこと　斎藤兆史
消されゆくチベット　渡辺一枝
爆笑問題と考える　いじめという怪物　太田　光／NHK「探検バクモン」取材班

部長、その恋愛はセクハラです！　牟田和恵
モバイルハウス 三万円で家をつくる　坂口恭平
東海村・村長の「脱原発」論　村上達也 神保哲生
「助けて」と言える国へ　奥田知志 茂木健一郎
わるいやつら　宇都宮健児
ルポ「中国製品」の闇　鈴木譲仁
スポーツの品格　桑田真澄 佐山和夫
ザ・タイガース 世界はボクらを待っていた　磯前順一
ミツバチ大量死は警告する　岡田幹治
本当に役に立つ「汚染地図」　沢野伸浩
「闇学」入門　中野 純
100年後の人々へ　小出裕章
リニア新幹線 巨大プロジェクトの「真実」　橋山禮治郎
人間って何ですか？　夢枕 獏 ほか
東アジアの危機「本と新聞の大学」講義録　一色 清 姜尚中 ほか
不敵のジャーナリスト 筑紫哲也の流儀と思想　佐高 信
騒乱、混乱、波乱！ ありえない中国　小林史憲

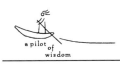

なぜか結果を出す人の理由　野村克也
イスラム戦争 中東崩壊と欧米の敗北　内藤正典
刑務所改革 社会的コストの視点から　沢登文治
沖縄の米軍基地「県外移設」を考える　高橋哲哉
日本の大問題「10年後を考える」――「本と新聞の大学」講義録　一色 清 姜尚中 ほか
原発訴訟が社会を変える　河合弘之
奇跡の村 地方は「人」で再生する　相川俊英
日本の犬猫は幸せか 動物保護施設アークの25年　エリザベス・オリバー
おとなの始末　落合恵子
性のタブーのない日本　橋本 治
ジャーナリストはなぜ「戦場」へ行くのか――取材現場からの自己検証　危険地報道を考えるジャーナリストの会・編
医療再生 日本とアメリカの現場から　大木隆生
ブームをつくる 人がみずから動く仕組み　殿村美樹
「18歳選挙権」で社会はどう変わるか　林 大介
3・11後の叛乱 反原連・しばき隊・SEALDs　笠井 潔 野間易通
「戦後80年」はあるのか――「本と新聞の大学」講義録　一色 清 姜尚中 ほか
非モテの品格 男にとって「弱さ」とは何か　杉田俊介

政治・経済——A

憲法の力　伊藤 真
イランの核問題　テレーズ・デルペシュ
狂気の核武装大国アメリカ　ヘレン・カルディコット
コーカサス　国際関係の十字路　廣瀬陽子
オバマ・ショック　越智道雄　町山智浩
資本主義崩壊の首謀者たち　広瀬 隆
イスラムの怒り　内藤正典
中国の異民族支配　横山宏章
ガンジーの危険な平和憲法案　C・ダグラス・ラミス
リーダーは半歩前を歩け　姜 尚中
邱永漢の「予見力」　玉村豊男
社会主義と個人　笠原清志
「独裁者」との交渉術　明石 康
著作権の世紀　福井健策
メジャーリーグ　なぜ「儲かる」　岡田 功
「10年不況」脱却のシナリオ　斎藤精一郎
ルポ　戦場出稼ぎ労働者　安田純平
二酸化炭素温暖化説の崩壊　広瀬 隆
「戦地」に生きる人々　日本ビジュアル・ジャーナリスト協会編
超マクロ展望　世界経済の真実　水野和夫　萱野稔人
TPP亡国論　中野剛志
日本の1/2革命　池上 彰　佐藤賢一
中東民衆革命の真実　田原 牧
「原発」国民投票　今井 一
文化のための追及権　小川明子
グローバル恐慌の真相　中野剛志　柴山桂太
帝国ホテルの流儀　犬丸一郎
中国経済　あやうい本質　浜 矩子
静かなる大恐慌　柴山桂太
闘う区長　保坂展人
対論！　日本と中国の領土問題　横山宏章　王 雲海
戦争の条件　藤原帰一
金融緩和の罠　藻谷浩介　河野龍太郎　小野善康　萱野稔人

a pilot of wisdom

バブルの死角 日本人が損するカラクリ　岩本沙弓
TPP黒い条約　中野剛志・編
はじめての憲法教室　水島朝穂
成長から成熟へ　天野祐吉
資本主義の終焉と歴史の危機　水野和夫
上野千鶴子の選憲論　上野千鶴子
安倍官邸と新聞 「二極化する報道」の危機　徳山喜雄
世界を戦争に導くグローバリズム　中野剛志
誰が「知」を独占するのか　福井健策
儲かる農業論 エネルギー兼業農家のすすめ　金子勝 武本俊彦
国家と秘密 隠される公文書　久保亨 瀬畑源
秘密保護法―社会はどう変わるのか　宇都宮健児 堀敏明 足立昌勝 林克明
沈みゆく大国 アメリカ　堤未果
亡国の集団的自衛権　柳澤協二
資本主義の克服 「共有論」で社会を変える　金子勝
沈みゆく大国 アメリカ〈逃げ切れ！ 日本の医療〉　堤未果
「朝日新聞」問題　徳山喜雄

丸山眞男と田中角栄 「戦後民主主義」の逆襲　佐高信 早野透
英語化は愚民化 日本の国力が地に落ちる　施光恒
宇沢弘文のメッセージ　大塚信一
経済的徴兵制　布施祐仁
国家戦略特区の正体 外貨に売られる日本　郭洋春
愛国と信仰の構造 全体主義はよみがえるのか　中島岳志 島薗進
イスラームとの講和 文明の共存をめざして　内藤正典 中田考
「憲法改正」の真実　樋口陽一 小林節
世界を動かす巨人たち〈政治家編〉　池上彰
安倍官邸とテレビ　砂川浩慶
普天間・辺野古 歪められた二〇年　宮城大蔵 渡辺豪
イランの野望 浮上する「シーア派大国」　鵜塚健
自民党と創価学会　佐高信
世界「最終」戦争論 近代の終焉を超えて　内田樹 姜尚中
日本会議 戦前回帰への情念　山崎雅弘
不平等をめぐる戦争 グローバル税制は可能か？　上村雄彦
中央銀行は持ちこたえられるか　河村小百合

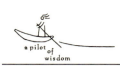

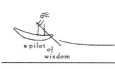